賛否両論
――料理人と家族――

笠原将弘
中岡愛子 編

主婦の友社

まえがき

僕は、いつもどこか冷めている。

常にもうひとりの自分がいて、彼が冷めているのだ。

それは、自分の父親にも似ているところなのかな、と思う。冷めているだけではなく、どこか気が小さいところもある。

まわりにいる「グイグイいける人」を見ると、ある意味憧れるというか、いいな、と思う。一方で、「グイグイいく人」に対する苦手意識もある。もうひとりの自分がいるというのは、いうなればこの感じ。わかるだろうか。

先日、この書籍の編集者に、

「笠原さんが最近、〝うつくしい〟と感じたものはなんですか？」

とおもむろに聞かれた。


「え、なんだろうなあ。けっこう思うことはあるんだよ、おじさんなりに。それはありますよ、いっぱい」

僕は瞬時に答え、しばし記憶をたどった。


「あまり人に言えることではないですか？」

「ほんとに大したことではないから、ぱっと出てこないというか、日常のふとした光景で、思うことはいろいろありますよ」

帰り道に見上げた夜空の星
正月に自宅の窓から見えた富士山
浅草のサウナから眺めたスカイツリー
たまたま入った居酒屋の、端から端までビシッと揃った短冊メニュー

何をうつくしいと感じるかは、その人の価値観によってそれぞれ異なるはずだ。

僕は、料理人である。
家庭では、長女、次女、長男、三人の子どもたちの父親でもある。
それから、父と母の息子であり、ある女性の夫でもあった。
両親と妻は、他界している。

正直なところ、亡くなった家族の話をするのは、つらいのだ。

サービス精神が旺盛な性格なので、インタビューではいろいろ答えているが、できれば積極的に話したくはない。

「笠原さんのお話をうかがって、勇気をもらいました」

などと言ってもらえるのはうれしいが、僕も誰かに勇気をもらいたい。

自分にとって、料理人にとって、家族とはなんだろう。

もうひとりの自分が言う。

「僕の人生は、大したことがないことだらけだ」

第二章　父・賢

第三章　妻・江理香～後篇

第四章　妻の姉・みーひー

第一章

妻・江理香～前篇

一目惚れ

江理香《えりか》という名前の彼女に出会ったのは、職場だった。

僕は、高校を卒業後、新宿の日本料理店に入社して、阿佐ヶ谷にある寮――といっても会社が借り上げたマンションを数人でシェアしていた――と職場を行き来する生活を続けていた。

料理人の修業を始めて、四年が経ったころのことだ。

出会いは、ドラマチックでもなんでもない。彼女が店のホールのアルバイトの面接に来て、自分の名前が呼ばれる順番を椅子に座って待っているとき、僕が一目惚れした。おそらく。いまから思えば。

料理人の修業時代は、とにかく異性との出会いがない。だから、自分と同じ年ごろの女の子が面接に来るというだけで若者たちは色めき立ち、「どんな子が来たのかな」とみんなで覗《のぞ》きに行ったのだった。そこに彼女がいた。姿勢がよく、彫りの深い、力強い顔立ちだった。きれいな子だな、と思った。

一目惚れとは、そもそもどういう感じなのだろう。
雷に打たれるみたいな？
小さな波がさっと押し寄せてくるみたいな？
言葉を失うような？
よくわからない。要するに、彼女は僕のタイプだったのだ。

数日後、採用されたのが彼女だと知って、僕はとてももうれしくなった。しかも、彼女は一九七三年三月生まれで、一九七二年生まれの僕と同学年。それから、せっせと彼女の情報を集め始めた（同じ職場だから自然と話すようになり、あくまでも自然に）。

わかったことは、彼女は沖縄出身でインテリアの専門学校への進学をきっかけに東京に出てきたということ、お姉さんとふたり暮らしをしていること、家はなんと西小山というではないか。驚いた。僕の実家は、西小山の隣の駅、武蔵小山。親父がお袋とふたりで始めた「とり将《しょう》」という焼き鳥店が、僕が育った場所だ。

「あ、西小山に住んでるんだ。俺は武蔵小山出身だよ」

ちょうどそのとき、寮（という名のマンション）の上階の住人が水漏れを発生させて部屋に住めなくなっていた時期で、僕は実家から通えるということで、久しぶりに地元から電車で通勤していたのだ。

奇遇とは、偶然とは、運命とは、一体なんなのだろう。

帰り道が一緒ということもあり、自然と彼女と同じ電車に乗り合わせることが多くなった。誤解を恐れずに言えば、西小山の駅前で彼女の帰りを待ち伏せして、偶然を装うこともあったかな。

とにかく、彼女とたびたび同じ電車で帰るようになり、

「休みの日は何をするのが好き?」僕は聞いた。

「お酒を飲みに行くこと」彼女は答えた。

僕もだ。

人はこうやってささやかな共感を繰り返しながら、目の前にいる他者を知らず知らずのうちにどんどん好きになっていくのだろう。

こうして僕と彼女は、仕事帰りに武蔵小山で下車し、よくふたりで飲みに行くようになった。

彼女のことは、いまでも「えーりー」と呼んでいる。

毎晩祭壇（笠原家はキリスト教である）にビールを供えるとき、月に一回必ず行くお墓の前で、僕は「えーりー」と語りかける。

「えーりー」は沖縄の呼び方で、僕も自然とそう呼ぶようになった。

そういえば、えーりーは最後まで僕を下の名前で呼ぶことがなかったな。最初は「笠原さん」で、付き合っているときもなんとなくそんな感じで、結婚してからは「パパ」になったから。

バスローブ

いつから付き合うようになったのか、編集者に思い出せと言われた。若いころにありがちな、じゃあいつから「付き合おうか」となったのか、よくわからないのだが、僕のほうが彼女のことをちょっといいなと思っていたことだけは確かだ。

きっかけはたしか、プレゼントだったと思う。

仕事終わりに地元で一緒に飲んでいたときだったか、帰りの電車のなかだったか、忘れてしまったが、彼女がラルフ ローレンの洋服が好きだということがわかった。彼女は、「ラルフ ローレンのバスローブが欲しい」というようなことを言った。僕は、「そうか、それをちょっと買ってやろう」と思った。そのことは、すごく覚えている。

都合がいいことに、僕の職場は「新宿伊勢丹」のなかにあった。ラルフ ローレンのショップを目指し、女性用のバスローブを買って、仕事の帰りに飲みに行ったのか、休みの日に飯を食いに行ったときか、それも忘れてしまったが、誕生日でもなんでもない日に、彼女にプレゼントした。

なにぶんバスローブなので、こっそり持っていくにはちょっとでかかったから、ひとまず実家に置いておいて、「ちょっと荷物を取りに一回家に寄ってもいい?」とかなんとか言って、家の前で渡したのだった。

「えっ、もらっていいの?」彼女は少し驚いた感じで言った。

「欲しいって言ってたから」僕は答えた。

バスローブの色は、もう忘れてしまったけれど、白色ではなかったような気がする。バスローブ。いま考えると、ちょっと可笑《おか》しくて、なんだったのだろうと思わなくもないが、あのプレゼントが付き合う決め手になったことは間違いない。でもきっと、すでにちょこちょこ一緒に飲みに行くようになっていたということは、彼女も多少は僕のことを意識してくれていたんじゃないかな、と思う。

うねるようなキッシュ

彼女と付き合い始めてすぐ、厨房のみんなに報告した。先輩から後輩まで、師匠以外には。修業中はみんな出会いがないし、ホールに若い女の子がたくさんいたわけじゃないから、厨房のメンバーにはちゃんと言っておかないと、ほかのやつらが狙うかもしれない、と思ったからだ。もっとも師匠は、「おまえ、俺がなにもわからないと思ってたら大間違いだぞ」とお見通しのようだったが。

修業中で忙しいとはいえ、休みはそれなりにあったから、デートにも行った。ただ、いまから思えばデートというよりは、仕事終わりによく飲みに行ったな、という記憶ばかりが蘇る。たいてい地元の武蔵小山で、お金がなかったから駅前の「庄や」とか。あとは、オシャレなおじさんがやっている居酒屋があって、そこは彼女が好きでよくふたりで通っていた。ワインの品揃えも豊富で、僕らはいつもいちばん安いワインを注文した。基本的には僕が払っていたけれど、たまに彼女が奢《おご》ってくれた。僕らの月給はお小遣いみたいなものだったけど、彼女は時給制で僕よりも稼いでいたと思う。「（時給が高くて）いいなあ」とよく彼女にこぼしていた。二十二歳のころだ。

とはいえ、家で飲むのがいちばん安い。彼女は僕の実家にしょっちゅう遊びに来て、泊まっていくこともあった。阿佐ヶ谷の寮に入居できるのは四年間と決まっており、僕はすでに寮を出て、武蔵小山の実家から職場に通っていた。

実家の一階は親父が営んでいた焼き鳥店「とり将」、二階に台所とリビングがあり、三階に僕の部屋があった。親父は、彼女が泊まりに来ることに対してとくに叱りもせず、文句も言わなかった。

たいてい僕が二階の台所で料理をつくり、その間、彼女は三階にある僕の部屋できとうに待っている。当時は、仕事で日本料理ばかりつくっている反動からか、イタリアンやフレンチがオシャレに見えて、憧れて、デートでも洋風居酒屋やビストロばかり行っていた。前菜、メイン、デザートで三千円くらいとか、そんな店がたくさんあった時代だ。僕もその世界にかぶれて、なけなしのお金で料理本を買って、かたっぱしからつくっていた。

ワインを買ってきて、つまみをつくって、家で飲む。

彼女がつくってくれたことは、ない。彼女は食べることは好きだったが、料理は本当に苦手だった。結婚してからは必要に迫られてやっていたけれど、当時お姉さんとふたり暮らしをしていたときは、お姉さんがつくるか、外食だったらしい。

料理人のパートナーが料理をできなくても、僕はとくに気にならないタイプだ。なぜなら、自分でできてしまうから。そんなにいやだなと感じたことはない。彼女がとくに好きだった料理をぱっと思い出せたらいいのだろうが、「これが評判よかった」と具体的に覚えていないくらい、本のなかの料理の世界にうねるようにのめり込み、いろんなものをつくった。キッシュとか、ワインのつまみのようなものを、かたっぱしから。何をつくって振る舞っても、彼女は「おいしい、おいしい」と幸せそうに食べてくれた。

えーりーは、社交的か社交的じゃないかといえば、決して社交的なタイプではなかった。そんなにしゃべるほうでもないし、見た目もちょっとクール。沖縄から東京に出てきたということもあって、僕のなかでは、なんというか、まだあまり世の中を知らないように見えた。クールな見た目とは裏腹に、のんびりしているところもあった（沖縄の人だからか、時間には本当にルーズだった）。同学年だったけれど、僕がいろいろ教えてやんなきゃ、という気持ちでもいた。よくいえば、ピュアな感じだった。

一方で、気が強く、喧嘩をしたら必ず僕のほうが折れるというか、向こうのほうが大人に感じる部分もあった。四年ほど付き合うなかで、危機もたくさんあった。たとえば、僕が別の女の子と飲みに行ったことがひょんなことでばれて、しばらくまったく口をきいてくれなかった、とか。

彼女がいると知りながら「笠原さん、今度飲みに連れていってくださいよ」って誘ってくるホールの新人の女の子もいたし。そんなとき、「もう別れる」と言い出すのは決まって向こうで、「俺がわるかった」とこちらが折れる、の繰り返し。

とにかくえーりーは、怒ると怖かった。結婚してからはとくに、意外としっかりしているなと思うところが見えてきた。

ピュアで、世間知らずで、とても芯の強い女性だった。

桜のころ

ある日、武蔵小山のいつも行く飲み屋で、席に座るやいなや、彼女が言った。

「ちょっともう、お酒やめようかな」

「なに、体調わるいの?」僕は尋ねた。

「体を大切にしなきゃいけないから」え、もしかしたら?

「妊娠したかもしれない……」

彼女はゆっくりと続けた。


「でかした! あー、じゃあ、もう結婚だ!」

いまから思えば、もっとロマンチックなプロポーズをしていればよかったのに、感情のおもむくまま「結婚しよう」と言っていた。

うれしかった。

親父に孫の顔を見せられる。

喧嘩を繰り返しながらも四年間付き合っていた彼女に対して、「ずっと一緒にいてほしい」「守ってやろう」という気持ちを抱くようになっていた。迷いも戸惑いもなかった。

それから、親父になんて言おうかな、とぼんやり思った。もちろん、沖縄にいる彼女のご両親にも。

彼女の実家には、付き合っているときから図々《ずうずう》しくもしゅっちゅう遊びに行っていて、ふたりとも僕のことをすごくかわいがってくれていたから、反対されるかもという心配はなかったし、現にとても喜んでくれた。

ただ自分の親父については、結婚前の妊娠に対してなにか言われるかもしれないという不安が一瞬頭によぎったが、もう二十五歳になっていたし、自分で稼いでいるわけだから、そこまでは怒られないだろうと思っていた。それよりも自分の言葉でちゃんと報告しなければという気持ちが強く、当日すぐには報告できなかった。

タイミングを見計らっているうちに一週間が経ち、今日こそ親父の仕事が終わるまで待つんだと心を決めて、近所の居酒屋に入り、その店のマスターに「彼女が妊娠したんで、結婚しようと思って、これから親父に話すんです」と宣言までして。

「あーそうかそうか、がんばってこいよ」

彼女もマスターのことが大好きで、よくふたりで通っていたから、マスターからの励ましはいろんな意味で心強かった。

居酒屋を出たあと、仕事を終えた親父に「ちょっと話がある」と切り出して、「えーりーが妊娠したから、もう結婚しようと思っている」と伝えた。

「じゃあおまえ、式はどうするんだ」

親父は、いきなり現実的な話をしてきた。

「お金も日にちもないから、籍を入れるだけにしようかなってふたりで話してる」

僕は言った。

「なんだそれは。絶対式を挙げろ、式を挙げるのは男の責任だ」

親父は声を強めた。

「金はなんとか貸してやるから、式は挙げろよ」

親父は、穏やかに続けた。


そうか、と僕は素直に思った。

親父はいつも正しいことを言う。


そこからばたばたと忙しくなった。いまから式場を手配するのはとても間に合わないとわかり、そもそも僕も、そんなにすごい式を挙げたいとはまったく思っていなかった。「かわいい庭のあるレストランでウエディングができたらいいね」とえーりーが言い、候補に挙がったのが、五反田の「ヌキテパ」だった。

かわいい庭。おいしい料理。アットホームな雰囲気。「ヌキテパ」は以前、親父が食事に連れていってくれた、魚料理がメインのフランス料理店。釣り好きの親父と魚好きのシェフで話が盛り上がり、おそらくこちらのことを覚えていてくれたというありがたいご縁もあるのだろう。問い合わせると、ウエディング担当のお姉さんに電話口で驚かれた。

「お式はいつごろをご予定ですか?」

「六月くらいにやりたいです」

「来年ですか?」

「いや、今年です」

妊娠がわかったのは、三月だった。えーりーの誕生日も、三月の、ちょうど桜が咲き始めるころだ。いまも誕生日には必ず、お墓参りに行く。

一九九八年九月。二十六歳のとき、僕はえーりーと結婚した。彼女のおなかには、小さな命が宿っていた。

レシピ1

ほうれんそうとベーコンのキッシュ

直径18センチのタルト型・1個分

下準備　冷凍パイシート1枚を室温にもどす。タルト型に、サラダ油適量を塗る。

❶パイシートに薄力粉適量をまぶし、めん棒でのばす。タルト型にぴったりと敷き込み、底にまんべんなくフォークを刺して穴をあける。冷蔵室に30分ほどおく。

❷アルミホイルをかぶせておもし（金属製のタルトストーン）を広げ入れ、１７０度のオーブンで30分ほど焼く。

❸鍋に湯を沸かし、ほうれんそう１００グラムをさっとゆで、5分ほど水にさらす。水けを絞り、３センチ長さに切る。

❹玉ねぎ1／2個を薄切りに、ベーコン3枚を1センチ幅に切る。

❺フライパンにバター10グラムを入れて中火でとかし、③、④を加えて塩少々を振り、しんなりするまで炒める。ボウルに移し、粗熱がとれるまでおく。

❻ボウルに卵1個、卵黄1個分、生クリーム90ミリリットル、牛乳90ミリリットル、粉チーズ大さじ1を混ぜる。ざるでこし、⑤に加えて全体にからめる。

❼②のおもしとアルミホイルをはずし、パイ生地の内側にはけで卵黄1個分を塗り、⑥を広げ入れる。２００度のオーブンで15〜20分焼く。冷めるまでおいてから切り分ける。

第二章

父・賢

親父の教え

「偉そうにすると、嫌われるぞ」

親父は、僕によくそう言った。

僕の父・笠原賢。

明るい高倉健のような人だった。


うるさい人は嫌われる。

偉そうな人も嫌われる。

気が利かない人も嫌われる。

自慢話も、あまりするな。

人間、謙虚に。他人と自分を比べるな。

すべて親父の教えだ。


僕は、常に冷めている。

もうひとりの自分がいるような気がするのは、親父の教えがそうさせたのではないかな、といまになって思う。


親父は、僕が二歳か三歳のころ、武蔵小山で焼き鳥店「とり将」を始めた。

料理は親父、サービスはお袋。

いわゆる共働きで、僕は一人っ子。店の上に住んでいたから、学校から帰ったら店のほうの扉を勢いよく開けて、宿題をしたり、ときには常連さんの隣に座ってごはんを食べたり。

いまから思えば、子どもにとってはいい教育ではなかったかもしれないけれど、「大して注文もせずに長居をするようなお客さんは早く帰ればいいのに」とか、「カウンター席に座って人に聞こえるような大声で話すもんじゃねえ」とか、親父は僕が子どものころからしょっちゅうそんなことを言っていた。

「あんまり長居をするな」

知らないうちに親父の教えが体にしみついていた僕は、友だちの家に遊びに行っても、すぐに帰ってきてしまう子どもだった。「あーどもー、おじゃましました」って出ていこうとすると、友だちのお母さんが慌てて出てきて、「笠原くん、もうちょっと待って。いまホットケーキ焼いているから」とかね。

大人になったいま、そんなふうに育ててくれた親父には、すごく感謝している。親父の教えが自分の軸になり、親父のように生きていこうと思えることが、僕の強みだ。

「あんまり調子にのるんじゃねーぞ」

「いまはいいけど、なにかあったら掌を返されるぞ」

いつだってもうひとりの自分が語りかけてくる。

「笠原はそっけない」「感じわるい」と思っている人もいるだろう。どこか冷めた部分があるとすれば、それはおそらく、常にもうひとりの自分が僕のことをじっと見ているからだ。

親父の教えは、いまも僕の心を離れることがない。

おじいちゃんと寅さん

親父は武蔵小山で生まれ育ち、中学校の同級生だったお袋と二十二歳で結婚した。料理人の修業時代に結婚したという点では、僕と同じだ。

親父の父、つまり僕のおじいちゃんは、明治生まれの元軍人だった。戦争から生き残って帰ってきて、警察官になり、それはもう厳しい人だった。「男は男らしく」「武道をやれ」という具合に。僕たち孫にはとてもやさしかったけれど、考え方は古風だった。

ただお酒を一滴も飲めず、そのぶん食べることが大好きだった。うなぎ、すき焼き、焼き肉。小さいころから両親にいろんなところへ食事に連れていってもらったのは、おじいちゃんの影響も大きいかもしれない。

おじいちゃんは、警察官を退官したあと、刀好きということもあり、武蔵小山で骨董品店を始めた。うちの親父は男三兄弟の次男で、長男は店の後継ぎに、三男は警察官として定年まで勤め上げた。

次男坊だった親父は、自由人かつ遊び人だったらしい。おもしろいもので、その血を僕もしっかり継いでいるな、と思うこともある。

基本的には厳しい親父だったが、同級生たちの証言をもとに検証すると、若いころは、相当遊んでいたんじゃないかな。笠原家の面々はおじいちゃんの影響もあり、剣道だ、柔道だ、と硬派一辺倒。そのなかで、うちの親父だけバスケットボール部。さらに小さいころから釣りが好きで、釣った魚を自分でさばいて料理をするような子どもだったらしい。

高校で進路を考えるとき、最初は牧場をやりたかったと、親父から聞かされたことがある。担任の先生に「東京では無理だ」と言われ、だったら北海道に移住して牧場で働こうかなと考えていたとき、「釣った魚をさばくのが好きなんだったら、料理人もいいんじゃない?」と進路指導で助言されたそうだ。

高校卒業後、アルバイトをしながら夜間の調理師学校に通ったあと、企業の社員食堂で働くうちに、一度きちんと修業に行きたいということで就職したのが、柴又にある「川千家《かわちや》」だった。地元の人たちが法事などに使うような、昔ながらの大きな和食店。

親父は「寅さん」が大好きで、それは間違いなくこの店での経験が大きいはずだ。

僕は子どものころから、夏休みと正月には必ず、「男はつらいよ」を観るために映画館に連れていかれた。

僕も、寅さんが大好きだ。自由で、素直で、どこまでも不器用な寅さん。

夜逃げ

真面目で堅実な人生を歩む笠原家のなかで、唯一自由人だった親父。柴又での修業中に結婚もして、僕が生まれてしばらくしたある日。当時勤めていた店に出勤したら、オーナーが夜逃げしていた。

職を失った親父に、おじいちゃんは言った。

「おまえ、もう店をやれ」

地元の武蔵小山で物件を探したのもおじいちゃんならば、おそらく最初の出資もおじいちゃんがしたのだと思う。

オーナーが夜逃げした店が鳥料理店だったから、焼き鳥。焼き鳥はみんなが好きな食べ物だから、焼き鳥。「焼き鳥でいいんじゃない」というノリで、とりあえず店を始めたと、僕は親父から聞いている。

それが、僕が二、三歳のころ。

店の名前は「とり将」。

僕の名前、「将弘」から、一字をとった。

「とり将」には、親父の同級生たちが毎晩のように飲みに来て、「賢ちゃんは昔もてた」という話をよくしていた。子どもだった僕はいっちょまえにカウンターの隅に座り、大人の話を聞いていたのだった。

「私、昔賢ちゃんと付き合ってたの」というおばさんもいた。「武蔵小山の商店街を端から端まで歩くと、賢ちゃんが手をつけた女が二、三人はいたね」とか、「駅前にあったボウリング場のレーンにひとりずつ賢ちゃんの女がいて、賢ちゃんはそれを順番に回っていた」とか。

びっくりした。

ひどい話だと思った。

だけど、そういう話を聞くのは不思議といやでもなかった。子どもも心におもしろかったし、うちのお袋も笑いながら、楽しそうに聞いていたから。


この本の編集者は、親父のことを心から尊敬している僕について、しきりに素晴らしいと言ってくる。たしかに、親父がおっかなかったという部分は大きいにしても、あんまり反抗した記憶はない。

親父が言うことは、すべて正しいと思っていた。

親父の生き方を、どこかでかっこいいなと思っていた。

親父の教えによると、男は気前もよくないといけない。

親父のいとこにあたる女性たちは、「賢ちゃんにお酒を教わった」「賢ちゃんに初めてカウンターでお鮨を食べさせてもらった」とうれしそうに話していた。彼女たちもう、とっくに還暦を超えているけれども。

親父のことは本当に好きだったし、年をとるほど、どんどん好きになる。

孫の顔を見せたい

親父から孫の顔を見たいと言われたことは一度もなかったが、「俺が絶対見せてやんなきゃ」と勝手に思い込んでいた。

僕は、高校一年生のときに、お袋をがんで亡くしている。

そのことが関係しているかどうかはわからない。僕は一人っ子で、お袋が亡くなったあと、高校を卒業して修業先の日本料理店の寮で暮らした四年間以外は、二十六歳で結婚するまで、武蔵小山の実家で親父とふたりで暮らしてきた。

だから、えーりーから妊娠を告げられたときは、すごくうれしかった。

「俺も親父になるんだ、親父に孫の顔を見せられる」

同級生の仲のいいメンバーで結婚して子どもがいるやつはまだいなかったから、「やった、俺第一号だ」という、どこか誇らしい気持ちもあった。


僕が料理人になったのは、親父の存在が大きい。

高校一年から二年になる直前の春、お袋が亡くなって、親父が毎朝弁当をつくってくれていた。

店の余りものをタッパーにぎゅうぎゅうに詰めて持たせてくれて、焼き鳥、つくねの照り焼き、鶏の唐揚げなんかがごはんの上にのっていて、まっ茶色で、食べるころにはいろんな味が染みているのがまたうまかった。

親父の弁当を食べていたのは、半年くらいだろうか。

そのころの僕は、お袋が亡くなった寂しさを紛らわせるために、勉強もせず友だちと遊んでばかり。とくにグレていたというわけではないけれど、学校を抜け出してラーメンを食べに行くのがかっこいい時代だったこともあり、親父に向かって「もう弁当はいらない」と言ってしまった。夜遅くまで働いている親父に、早起きをさせるのはわるいな、という気持ちも大きかった。

高校三年で進路を決めるとき、僕はパティシエになろうかな、と考えていた。お袋からは「これからの時代、大学には行きなさい」と言われていたけれど、大学に進学してとくにやりたいこともなかったし、学校の成績は散々なものだった。

当時、僕の部屋には高校生にしては珍しくオーブンレンジがあって（高校生でなくても珍しいと思うが）、ひまがあればチョコレートケーキなんかをせっせと焼いていた。

そんなとき、たまたまテレビで「パティシエ世界選手権」なるものがあると知り、衝撃を受けた。飲食の世界にもワールドカップがあるのか。「日本代表」という響きに痺《しび》れた。

親父にパティシエを目指そうと思っていることを伝えると、

「おう、いいじゃないか」

自分がやりたい仕事をやれ、というのが親父の考え方だ。

だけど僕には、パティシエにはどうやってなればいいのか皆目わからず、再び親父に相談した。

「日本料理だったら紹介できるぞ。どうせやるなら、厳しいところに行ってこい」

僕も、どうせならすごいところに行きたい、と思った。

それが、新宿の日本料理店だった。

板前は、十年

「板前は、十年修業しないとだめだ」

親父はそう言って、僕を送り出した。

十八歳で板前の修業を始めた僕は、親父の教えのとおり、十年を目標に掲げた。途中、えーりーと出会い、結婚して、長女が生まれたとき、僕は二十六歳になっていた。目標まで、あと二年。


えーりーと結婚する前、勤め先から誰かひとり、アメリカの日本大使館に行かないか、という話があった。僕のなかには若いうちに海外で仕事をしたいという希望があり、「めちゃくちゃ行きたいです」と立候補したが、残念ながら素行がわるかったせいで、同期の板前が行くことになった。

もしあのとき、アメリカに行っていたら、僕の人生はまた違うものになっていたのかな、とたまに思う。でも、僕は行かなかった。運命とは、一体なんなのだろう。

修業時代、僕の頭のなかのメインにあったのは、いずれは親父と一緒に「とり将」のカウンターに立ち、店を継ぐことだった。修業七年目や八年目くらいの僕にも、料理長をやらないか、という話が舞い込んだりして、話だけ聞きに行ったこともあったが、そのうち長女が生まれ、店でも上の立場になっていたこともあり、十年よりもう少しここにいようかなという気持ちが生まれていた。

そんなときだった。

親父が病に倒れたのは。

マサヒロ、本気で釣れ

「どうも調子がよくねえ」

親父はしょっちゅうそんなことを言うようになった。見た感じも、だいぶ痩せていたが、「前が太ってたからちょうどいいだろう」と言い張っており、常連さんたちも「スマートになってかっこよくなったじゃん」というノリで日々が過ぎていった。

うちの親父は病院が嫌いだった。ただ、さすがにまわりも心配し始め、「検査に行ったほうがいい」と散々言われてようやく重い腰を上げ、病院に出かけた。

おそらく親父自身も、ちょっとよくないな、なにか変だな、と感じていたと思う。

検査の結果を聞くために、僕は夜の仕事を終え、自宅に戻る前に、「とり将」に直行した。

ところが、親父の姿がない。

外から、店のガラス越しに、親父と一緒に働いてくれていた板前のエザキさんと目が合った。

「ちょっと待て」エザキさんは目で言った。

「店の中に入るな、俺が外に行く」エザキさんは続けた。

僕は、すべてを察した。

エザキさんはたばこに火をつけ、とても言いにくそうに言葉を絞り出した。

「お父さん、がんだった」

ああ、きたか。

お袋のときと一緒だ。

僕のなかでは、がんは恐ろしい病気という認識だった。

エザキさんには「わかりました」とだけ伝え、そのまま西小山にある自分の家まで歩いて帰った。涙が止まらなかった。

「大丈夫だよ、手術してよくなるよ」

えーりーはそう言って励ましてくれたが、僕の涙は止まらない。長女はすやすやと眠っている。明日も朝から仕事に行かなくては。


当時、親父には付き合っている女性がいた。いまから思えば、あの日もその人の家にいたのではないか。ここだけの話、気の強い女性で、僕はあまり好きではなかったが、親父にとっては彼女の家が居場所になっていたのだろう。

かくして親父はすぐに入院することが決まり、大きな手術になりそうだからと立ち会いを求められ、僕は職場に急遽休暇を申し入れた。料理長は、「当然だ、行ってこい」と送り出してくれた。

予想以上に長い手術になり、僕はひとりで病院の椅子に座って、ひたすら待ち続けた。手術がぶじに終わるのを。

医師から摘出した胃を見せられ、「これががんです」と説明を受け、僕はこれでなんとか治ると思った。そう信じたかった。

しばらく入院生活が続いたあと、親父はぶじに退院した。まだ料理ができるような状態ではなかったが、店に立つと常連さんが喜んでくれるということで、なにをするでもなく店に顔を出すようになっていた。少しずつ元気になっていくようすがうれしく、ごはんもたくさん食べるようになり、釣りに出かけるようにもなった。

僕は幼いころから釣り好きの親父に連れられて東京湾や千葉に出かけては、「マサヒロ、本気で釣れ」と厳しい指導を受けた。僕は親父に言われるがまま、釣り糸を海に垂らした。いまから思えば、親父は釣った魚を店でさばいてメニューとして出していたから、子どもの僕に対してもあれだけ本気だったのか、と思う。

おかげさまで僕は、いまでは釣り仲間に恵まれ、誘われれば休みの日の午前中に千葉あたりに出かけては、午後に店でさばいてみんなで食べるということをやっている。

元気になったように見えた親父だが、このまま一人暮らしをさせておくのは心配だった。僕は、えーりーと長女と三人で暮らしていた西小山のアパートに親父を呼び寄せ、四人暮らしをスタートさせた。

しかしその生活は二カ月ほどで終わってしまった。親父もえーりーもお互い気を遣うタイプだったのだ。親父はその後、武蔵小山の実家（おじいちゃんと長兄家族がいる家）に移ることになったが、親父もそのほうがなにかと気が楽だったのだろう。

しばらくは日常が戻った気がした。

ところがまた、親父の調子がわるくなった。僕は親父を病院へ連れていった。悲しいことに、がんはあちこちに転移していた。


親父の教えが、もうひとつあった。

「男が痛いなんて言うもんじゃねえ」

そんな親父が、最後は痛い、痛いと言い続けた。本当に、苦しかったのだろう。

僕は病室に居続けることしかできなかった。


親父は五十二歳で亡くなった。

僕は思った。

なんで自分にこんなことが起きるんだろう。

お袋の次は、親父もか。

悲しい気持ちと、なんで僕ばかりが貧乏くじを引くのだろうという憤りと。

僕は人生で初めて喪主を務め、その一カ月後には勤め先を退職した。料理長には、親父が二回目に入院したとき、「親父がもうだめそうなんで、上がらせてください」と話していた。

「退院したら一緒に『とり将』をやろう」

病室でたびたび話していた親父との約束は果たせなかった。そのぶん、一刻も早く店を継ぎたかった。

えーりーも、「がんばって」と応援してくれた。

僕は母のみならず父も失ったが、新しく家族になったえーりーと長女の存在が、僕を支えてくれた。

当時、長女はまだ赤ちゃんだった。親父にとっては初孫で、赤ちゃんなのにお年玉ももらったっけ。親父が長女を抱っこしている写真もある。もちろん長女は、親父のことを覚えていないと言うけれども。

父・賢／一九四七年八月三日〜二〇〇〇年二月四日
享年五十三

レシピ2

親父の鶏つくねと鶏スープ

つくりやすい分量

❶玉ねぎ250グラムをすりおろし、布で包んで絞り、水けをよくきる。

❷ボウルに鶏ももひき肉250グラム、①、溶き卵1／2個分、コーンスターチ小さじ2、しょうゆ小さじ2、みりん小さじ2、砂糖小さじ2、塩小さじ1／3を入れ、粘りが出るまで手でよくねり混ぜる。冷蔵室に入れ、15分ほどおく。

❸しいたけ2個を薄切り、三つ葉5本を1センチ長さ、細ねぎ3本を小口切りにする。

❹鍋に水1・2リットル、だし昆布5グラムを入れて火にかけ、沸いたら弱火にする。②をスプーンで丸めて落とし入れ、浮いてくるまで火を通したら、ざるに上げて水けをきる。

❺④のゆで汁に酒大さじ2、薄口しょうゆ大さじ2、塩少々、黒こしょう少々を加え、しいたけ、三つ葉も加えてスープにする。

❻④を串に刺し、サラダ油適量を引いたフライパンに並べて焼く。こんがりと色づいたら水大さじ1、しょうゆ大さじ1、みりん大さじ1、酒大さじ1、砂糖大さじ1／2を加えて照り焼きにする。器に盛って細ねぎを振り、卵黄2個分を添え、鶏スープも添える。

第三章

妻・江理香〜後篇

あたたかな冬

「ヌキテパ」で結婚式を挙げてから三カ月後、一九九八年の冬、長女が生まれた。

出産は、えーりーの実家がある沖縄で、と決めていた。うちのお袋が生きていれば、東京で産んでいたかもしれないが、身内がいる沖縄のほうがなにかと安心だろうという判断からだ。えーりーは四人きょうだいの末っ子。二番目のお姉さんは看護師をしており、それも心強かった。

僕は当時日本料理店で修業中の身。「ぶじに生まれた」という連絡を受けたときも、新宿にある職場で仕事をしていた。

うれしかった。

こんな気持ちは初めてだ。

あまりにうれしすぎて、職場の同僚や、近所の同級生らにかたっぱしから連絡をしたら、

「笠原のところに子どもが生まれたらしい」

「お祝いだ」

とみんなが酒を片手に西小山のアパートに次々にやってきて、どうやら朝まで飲んでいたらしい。

翌朝、まんまと仕事に遅刻してしまった僕は、師匠にこっぴどく怒られた。

せっかく師匠にいい報告をしようと思っていたのに。

そのことは、いまでもよく覚えている。

えーりーと長女に会うために沖縄に飛んだのは、長女が生まれて一週間後くらいだったと思う。飛行機に乗っている間じゅう、頼むから絶対に落ちるなよ、と念じていた。

空港から病院へ直行した僕は、おそるおそる長女を抱っこした。

あら、かわいいなあ。

どうやら女の子らしいということは、出産前からわかっていたが、この世に生まれてわずか一週間のその子は、想像していた以上にかわいらしかった。


とうとう僕も、親父になった。

沖縄の冬は、いつも以上にあたたかかった。


長女の名前は、えーりーが決めた。

L（本書ではイニシャル表記とする）。

外国の人も呼びやすい名前に、かわいい漢字を当てたそうだ。

僕も張り切ってたくさん候補を挙げたが、「古風すぎる」という理由ですべて却下されてしまった。あとからえーりーに、「英語の教科書にのっている名前だよ」

と説明され、言われてみればたしかに、と納得したのを覚えている。

ちなみに。
次女は、夕莉。
長男は、蕗維。
L、ゆり、ろい。
英語の教科書のキャラクターたちが、いまも僕のまわりでにぎやかにしゃべっている。

居場所

僕は一人っ子で、両親は共働きだったから、自分の奥さんになる人には、できれば専業主婦でいてほしいと思っていた。子どもが家に帰ったら、お母さんが迎えてくれる家。子どもが、さみしい思いをしない場所。

そのぶん自分が働いて稼ぎ、家族を養うという覚悟があった。

長女が一歳になってまもなく、親父ががんで亡くなり、僕の人生は大きく変わった。

九年間勤めた日本料理店を辞め、悲しみに浸る間もなく、「とり将」を継ぐことになったからだ。

はたからみれば、お袋だけでなく親父もがんで亡くして、悲しいストーリーに聞こえるかもしれない。

だけど僕は、二十八歳の若さで、借金もせず、オーナーシェフになった。すごいことだ。そう自分に言い聞かせた。

常連さんはみんな親父の料理のファンだったから、はたして僕でかわりが務まるのか。不安もあったが、そんなときはいつもえーりーが励ましてくれた。

「がんばって」

家族から「がんばって」と家を送り出されることほど、心強いことはない。

「とり将」は、おかげさまで少しずつ繁盛するようになった。親父が出していた焼き鳥メニューに加えて、にんじんのムースやプリンなど、「本日のおすすめメニュー」を毎日のように黒板に掲げ、「金髪にピアスをした懐石料理出身の若いマスターが、おもしろい料理を出している焼き鳥店」として、武蔵小山商店街でちょっとした話題になっていった。

ありがたいことに雑誌やテレビの取材も増え、それまでは予約して来るような店ではなかったのに、遠くは北海道からお客さんが来てくれるようになったころのことだ。

親父の大親友だったおじさんが店にふらりとやってきて、カウンター席に座ってこう言った。

「賢さんはおまえに武蔵小山のこの店じゃなくて、銀座や青山で店をやってほしいって言ってたぞ」

僕は、はっとした。

ちょうどそのころ、同世代の新しい常連さんから、「勝負してよ、マスター」と独立をけしかけられていたのだが、僕は親父の店を守り、繁盛させることで頭がいっぱいだった。そんなときに現れたそのおじさんは、僕も昔から大好きな人で、尊敬していたから、「親父がそう言ってたんだったら、独立しても怒られないかな」と素直に思った。

二〇〇四年、三十周年を迎えた「とり将」を一旦休業。

同年九月、三十二歳のとき、僕は恵比寿に「賛否両論」をオープンした。

このときもえーりーは、「がんばって」と心から応援してくれた。

長女に加えて、次女が生まれ、さらにえーりーのおなかのなかには長男がいた。

余談になるが、親父は常連さんたちから「マスター」と呼ばれていた。僕は小さいころから、その響きをかっこいいなと思っていた。

「とり将」でも、「賛否両論」でも、僕はまわりに「マスターと呼んでくれ」とお願いし、いまでもそう呼ばれている。

夢の国から

僕は、「賛否両論」のコースの値段を、ディズニーランドの入場料と同じ設定にした。

当時、フレンチやイタリアンにはデートで行けても、日本料理の敷居はまだまだ高く、若者がデートで使える価格にしたかった。毎日は難しくても、特別な日に、ちょっとがんばれば通える店。

日本料理を、もっと身近にしたかった。

雑誌の取材を受けたときには、「ライバルはディズニーランドです」と答えてきたが、じつはディズニーランドは、えーりーと子どもたちとの思い出が詰まった場所でもある。


えーりーは、ディズニーランドが大好きだった。

なんでそんなに好きだったのか、理由は聞いたことがない。

「賛否両論」を開店してからさらに忙しくなった僕にとって、家族とゆっくり過ごせる時間は、店の定休日に確保できるかどうか、といった具合。僕はそんなにしょっちゅう行っていたわけではないけれど、子どもが一人から三人に増えてもなお、ディズニーランドは彼女にとって「夢の国」だったと思う。


末っ子の長男が小学校に上がったころ、僕はたまたま休みで家にいた。

この日のことは、いまでも忘れられない。

突然、えーりーが言った。

「ちょっとこれから病院に行ってくる」

「え、どうした？」

「生理でもないのに、すごく出血してて……」

女性の体のことは男の僕には詳しくわからないということを差し引いても、そのころのえーりーは、特段体調がわるそうでもなんでもなかった。病気の兆候は、いっさいなかった。

えーりーは、「こんなに出血するなんて、ちょっとこわい」と言った。

その日は近所の病院で検査を受け、大きな病院で診てもらったほうがいいということだったが、ちょうど夏休み期間で、数日後に子どもたちを連れて沖縄に帰省する予定だったこともあり、看護師のお姉さんが勤めている病院で再検査を受けることになった。結果がわかるのは、少し先とのこと。

僕は仕事の兼ね合いで遅れて沖縄に合流し、東京に戻る空港へのタクシーのなかでえーりーとふたりになり、診断書を見せられた。彼女はよくわかっていないようだったが、僕はそれを見た瞬間、青ざめた。

文字でわかる。

親父のときと一緒だ。

これは、がんということだろう、と。

子宮頸がんだった。

他人事みたいな顔をしているえーりー。

僕はいらついて、つい言ってしまった。

「これ、がんじゃんかよ。お医者さんになんて言われてんだよ！」

目の前を、いろんな景色がフラッシュバックした。

東京に戻り、診断書を持って大きな病院へ行くと、すぐに手術することになった。

「絶対に治る方法でお願いします」

僕は医師に懇願し、あらゆる方法を探った結果、子宮を全摘出することになった。

えーりーからするとショックだったかもしれないけれど、変な話、すでに子どもを三人産んだわけだし、えーりーの命のほうが大事だと思った。

とにかく。早期に見つかってよかった。

僕もえーりーも、これで治るだろうと思った。

少なくとも僕は、祈るようにそう信じていた。


その後、えーりーのいちばん上のお姉さんが沖縄から東京に戻ってきて、僕たちと一緒に住むようになった。

結婚前、えーりーと西小山でふたり暮らしをしていたお姉さん。

えーりーの手術はうまくいったが、念には念をということで、抗がん剤治療が始まり、家事、子育て、えーりーの身の回りの世話などを、お姉さんが手伝ってくれることになったのだった。

お姉さんには、いまでも頭が上がらない。

沖縄の海

翌年の夏、家族みんなで沖縄に行って、プールで泳げるくらいには元気になったえーりー。「おなかの傷が隠れる水着を買わなきゃ」とうれしそうに話しているようすに、僕もすっかり安心していた。

ところが。

定期検診で、小さな影が見つかった。

ちょっと思い出すのがつらい。

軽い手術のあと、再び抗がん剤治療を始め、髪の毛を剃り、かつらをかぶって、病院から家に戻ってきて。

何回入退院を繰り返したのだろうか。

僕の記憶も、もう朧《おぼろ》げだ。

だめだ。混乱している。


僕は思った。

ずっとついていてあげたい。

だけど、「賛否両論」が猛烈に忙しくなってきた時期で、仕事を休むわけにはいかなかった。


初めのころは、「病院のごはんはおいしくないから何か買ってきて」と言っていたえーりーも、入院生活が長くなるにつれて、食べる量が減っていき、見た目にも痩せていった。お袋と親父を見てきた僕は、なんとなくこれはよくないと感じたていたが、えーりーや子どもたちには、精一杯ふつうの生活を送らせてやりたいと思った。

ある日、えーりーは子どもたちと一緒に沖縄に行きたいと言った。飛行機に乗る気力が湧いたのかと思うとうれしくなったが、そのときも、僕は仕事で一緒に行けなかった。

飛行機での移動がこたえたのだろうか。

沖縄での滞在中、えーりーの体調がかなりわるくなった。

「病院で点滴を打つと楽になるけど、脱水症状になってしまって……。すぐに東京の病院に入院したほうがいいから、お願い、空港まで迎えに来て。子どもたちはこちらでみておくから」

お姉さんからの電話を受け、僕は急いで羽田へ向かった。お姉さんに付き添われて到着口に現れたえーりーは、車椅子にのっていた。

僕は、いつものように、あとから追いかけて合流するつもりだった。

あのとき、仕事なんてしないで、沖縄に一緒に帰っていれば、最後に家族みんなで沖縄で過ごせたのに。

僕は、仕事を優先した。

「賛否両論」の日々の営業だけでなく、雑誌だ、テレビだ、外からの仕事が一気に押し寄せて、絶好調に忙しくなってきた時期だった。

仕事なんて、しなきゃよかった。

「仕事を優先して」

闘病中のえーりーから、「もっとそばにいて」と言われたことはないが、内心はそう思っていたんじゃないかな、といまになって思う。

病気になるずっと前から、「仕事を優先して」「子どもたちの面倒は基本的に私がみるから」というのがえーりーの考え方だった。家族のために仕事を休んでよ、という妻だったら、いまのような自分はきっといない。ここまで仕事をがんばれたのは、変な言い方かもしれないけれど、間違いなくえーりーがいてくれたからだと感謝している。

だからこそ、あのとき仕事なんかしなくてよかったと、ものすごく後悔しているわけだ。

この本の編集者が、すかさず質問してくる。「いまも後悔していますか？」

当たり前だ。

仕事なんて、別になくなってもいいじゃん。

死んじゃったらもう生き返れないんだから。

仕事なんて別に、なくなったらなくなったで、いかようにもなるじゃん。

だから僕は、冷めているんだと思う。心のどこかで。こんな仕事、別にしなくていいのにないという気持ちが、ふとした瞬間に僕を襲ってくる。

編集者は、さらに質問してくる。

なぜ僕が寝る間を惜しむように働いているのか？

これまでえーりーが僕の好きなように仕事をやらせてくれたから、僕はここまでこれた。それをいまさらおじゃんにするわけにはいかないからだ。

えーりーのためにあと少し、あと少しがんばろうと働き続けている自分と、どこかで仕事を恨んでいる自分と、両方の自分がいる。

別れ

えーりーとの別れは、病院だった。

がんは肺に転移していた。

えーと。何を話せばいいのかな？
人の生き死にの話をするのはしんどい。

最後に入院したとき、えーりーは声も出せなくなっていて、ほとんど筆談で会話をしていた。亡くなっていく人は、こちらが思うよりも、まわりの日常のことばかり考えているようだ。
たとえば、病室に流れるテレビの料理番組をみていたとき、ジェスチャーで紙とペンをくれというので渡したら、「このおかず、蕗維（長男）のお弁当によさそう」というから、「そうだな、じゃあこんど俺つくるわ」という具合に。

けっきょくそういうやりとりも疲れてきたみたいで、日を追うごとに息をするのもつらそうになってきて、こちらも大した言葉もかけられないなかで、がんばれとか、痛いところがあればさするぞ、とか。

僕は毎晩、病室に泊まり込んでえーりーのそばにいた。

子どもたちには、えーりーの病名は最後まで伝えなかった。伝えたところで、子どもにとっては悲しいだけだし、「ママ、がんで死んじゃうの？」なんて本人に言ってしまうかもしれないし。子どもは大人ほど知恵もついていないし、そういう生き物だから。

そのかわり、「たくさんお見舞いに行ってあげたほうが、ママだって喜ぶんじゃない？」という言い方をした。

＊

息が苦しそうだ。

心電図の波形がだんだん下がっていく。

がんばって呼吸をしようとしている。

えーりー。

なんて言葉をかけていいかわからない。

＊

そのとき、長女は中学二年生で、修学旅行に行っていた。

僕は、「行くな」と言いたかったが、子どもたちには母親が危険な状況だということは言いたくなかった。このあと、どのみちつらいことが待っているわけだから、せめて学校の友人たちと楽しくさせてやったほうがいいかなと、けっきょく行かせてしまったのだった。

えーりーが息を引き取ったとき、長女は東京にいなかった。そのことについて、長女はどう思っているのか、いまだに僕もわからない。

小学二年生だった長男が、病院の廊下を走っている。
次女は小学六年生だったが、病室にいたのだっけ。
沖縄から、えーりーのお母さんと、二番目のお姉さんが来ていた。
いちばん上のお姉さんは、しょっちゅう病室と家の行き来をしてくれていた。
ドラマのように、いままでありがとう、というドラマチックな言葉なんてない。
言葉もなく、えーりーは逝ってしまった。

妻・江理香／一九七二年三月二十八日〜二〇一一年九月一二日
享年三十九

第四章

妻の姉・みーひー

誰かひとり

「みーひー」という呼び名は、上の子どもがまだ小さいとき、私の名前を発音できなくて、そこから変形したものです。大きくなったいまも、三人の子どもたちはみんな、私のことを「みーひー」と呼んでいます。

子どもたち——といつものように言ってしまいましたが、彼らは妹の子どもです。長女、次女、長男。私にとっては、姪と甥に当たりますが、もう随分長い間、一緒に過ごしています。

私と妹の江理香は六歳離れていて、私が長女、彼女が末っ子。その間に次女、長男がいる四人きょうだいでした。私たちは沖縄県那覇市で生まれ育ち、公務員の父、会社員の母とともに、ごくごく一般的な、だけど、とても仲のいい家族でした。

二十代の初めのころ、インテリアの専門学校に進学するために上京していた江理香のアパートに転がり込むようなかたちで、私も東京で働くことになりました。江理香は一年間の寮生活を経て、一人暮らしを始めたばかり。「すごいめいわく」と言われた記憶がありますが、とにかく、私たちは西小山でふたり暮らしを始めたのです。

私もすぐ下の妹も弟も、とくに反抗期がなく育ちましたが、江理香は内に秘めた反骨精神があるというか、きょうだいのなかでもひとりだけ、父親に静かに反抗していた時期があったように思います。

江理香が結婚したあと、新居も同じ西小山ということでしょっちゅう行き来していました。長女が生まれてからは、平日は会社から妹の家に直行して、子どもと遊んだり、ごはんをつくって一緒に食べたり。

結婚した相手は料理人ですから、夜遅くまで仕事をしています。

だから、誰かひとり、身内が近くにいたほうがいいかなって。
沖縄から出てきて、まわりに知り合いもいないなかで、いまでいうワンオペでの子育ては、本当に、たいへんですから。

妹と暮らしていた西小山のアパートの家賃をひとりで払うのはたいへんだからと、引っ越しをしたのも、隣駅の武蔵小山。妹の家から自転車で二、三分の距離でした。武蔵小山も西小山も、昔ながらの商店街が残っていて、穏やかで、住みやすかったというのもあります。

そんなこんなで、お店の定休日の日曜日はパパと一緒に、月曜日から土曜日までは私が出かけていって一緒に過ごすというスタイルが、そのころからなんとなくでき上がっていました。

赤いビロードのスーツ

笠っちのことは、「一緒に働いている人だ」と、江理香からたびたび聞いていました。お付き合いしている人がいるんだって。

笠原のことは、「笠っち」と呼んでいます。江理香がそう呼んでいたものですから。向こうは、昔もいまも変わらず、「お姉さん」ですね。

「笠っち」

「お姉さん」

江理香から、初めて笠っちを紹介されたときの驚きは、いまでもすっごく覚えています。

赤い、たぶんビロードじゃないかな、鮮やかなスーツを着て現れて、もうびっくりしてしまって……。ちょっと不安になったくらいです（笑）。

当時、笠っちの職場が「新宿伊勢丹」にあったので、本人もすごくお洒落だったんですよ。おそらく、キャサリン・ハムネットのスーツだったと思います。江理香がキャサリン・ハムネットが大好きで、その影響もあったんじゃないかな。

その日は、江理香とのデートの流れで会うことになったのか、「お姉さんに会うから」だったのかわからないですけれど、赤いスーツ姿の笠っちは、あんまり緊張していなかったように見えました。三人で食事をしたのか、どんなおしゃべりをしたのか、細かいことはあんまり覚えていないのですが、とにかく赤が強烈で、びっくりしたことはすごく覚えています。


笠っちは、結婚する前からしょっちゅう沖縄の私たちの実家に泊まりに行って、両親とも仲良くしていました。

父は公務員で、親戚も公務員が多かったので、もしかしたら娘には公務員と結婚してほしかったんじゃないかな、と思ったこともあります。

だけど、話せばわかりますから。見た目や肩書ではない、なにか。父はすべてを受け入れる人でしたし、笠っちの人間性をちゃんと見て、安心していたと思います。

仕事はいつでもできる

次女が生まれてしばらく経ったころでしょうか。私は沖縄に戻って、地元の会社で働くことになりました。

東京の家を引き払うとき、妹に対して、ちょっと「大丈夫かな?」と思ったんです。もちろん病気のことはまだまったくわかっていなかったころですが、身内のいない東京で、ワンオペで二人の子どもを育てるのは、体力的にも精神的にもしんどいだろうなと。

だから、飛行機のマイルを貯めては東京に飛んで、滞在中は毎日一緒で、妹が料理をしている間に私が子どもたちと遊んだり、私が子どもたちと過ごしている間に妹が買いものに出かけたり。三人目の長男が生まれてからも、そんなふうに、にぎやかに過ごしていたんです。

結婚してからもなんだかんだふたりでやっていたという気持ちがあったので、妹が亡くなったときは、本当にショックで……。


江理香ががんと診断されて、私は三カ月の介護休暇をとり、彼女のもとに飛びました。休暇が終わって、私は一旦沖縄に帰りましたが、また妹の具合がわるくなってしまって……今度は有休を駆使して東京に通いました。

使える有休がどんどんなくなってきて、最後の休暇を使うとき、ある程度自分の仕事を片付けてから東京に向かいました。もしかしたら、仕事を辞めるかもしれない。もう辞めよう、と。

妹の横で、会社に電話をかけたと思います。

後悔しないように、最期まで面倒をみようという思いがありました。

江理香は昔から、自分から「助けて」と言ってくるタイプではありませんでした。うちのきょうだいはみんなそうですが、なんでも自分で決めてしまうタイプで。だから余計に、はたから見ていてしんどそうで……誰に言われるでもなく、私が面倒をみようと。

そのほうが、妹も安心するだろうなと思いました。

仮にお手伝いさんを頼んで家事をお願いするとしても、子どもたちだって慣れていない人には言いたいことも言えなくて、ストレスが溜まってしまいますよね。

母にも「（あなたが）みてね」と改めてお願いされましたが、その前から、たぶん私しかいないだろうな、と覚悟を決めていました。

仕事は、いつでもどこでもできますから。

選ばなければ、職を。

いま私ができることは、こっちしかない、と思いました。

小さいころからきょうだい四人、すごく仲がよかったので、ついていてあげたい、という気持ちが大きかったです。

「また明日ね」

最後のほうは、家と病院を行ったり来たりの日々でした。

がんが肺に転移していたので、おしゃべりはできないんですけど、「また明日ね」って言うと、目で「うん」って返してくれて、その日の晩に息を引き取りました。

（編集部註：実際は、翌日の昼）

びっくりしました。

明日も会えると信じて、家に帰ったから。


これは私の憶測ですが、笠っちはたぶん、病院のお医者さんから、「あと（余命は）これくらいです」ということは聞いていたと思います。でも、みんなを病室に呼んでしまうと、本人が（状況を）察してしまう。それを避けたくて、あえて普段どおりに過ごしたかったんじゃないかな。

正直なところ、葛藤はありました。子どもたちも、もっとお母さんに会いに行ったほうがいいんじゃないかって。おそらく（子どもたちには）病名も知らせてなかったんじゃないかと思います。

でも、決めるのは、夫である笠っちですから。私は彼の判断に従うと決めて、それについてはまったく後悔していません。

いまもふとしたときに思い出すのは、当時、長男の蕗維は小学二年生で、ママが亡くなったときも泣いていなかったんです。入退院の繰り返しで、離れている時間も長かったから、あまり甘えられなかったというか、まわりに気を遣っているように感じる部分はありました。

あのとき蕗維は、どう思っていたのかなって。本人に聞いたことはないんですけど。

「ママ友」

私はいつも目の前のことをやるだけ。

自分の人生に後悔はありません。

まわりの友人たちは、私の人生の十何年が失われてるって言うんですが、私からすると、独身で三人の子どもたちを育てることになって、お母さんみたいな生活をさせてもらって、自分自身もすごく成長しているんですよ。

だから、なんていうのかな、後悔していません。

すごく、勉強になったと思っています。


会社で働いているときは、自分が働いて得たお金で自分が好きなことをしたり、旅行に出かけたり、そんなことしかしていなかったのが、突然「お母さん」のコミュニティに入ることになって、そこでも会社と同じようにうまくやっていかないといけないことがたくさんあって。

お母さんは忙しくてたいへんです。

世の中のすべてのお母さんには頭が下がる思いです。

学校行事もなにもかも初めてのことだらけで、最初は不安もありましたが、沖縄育ちで、なんとかなるさ、やってみないとわからないという精神。幸い、いいお友だち、ママ友ができて、いろいろと助けてくれたんですよ。

彼女たちには、本当に感謝しています。

子育てをしたから出会えた人たちで、自分が理想としていた道ではないところにも、なにかしらいいことがいっぱいある。仕事と同じで、そこには学ぶことがたくさんありました。

ママ友とのお付き合いは、子どもたちが大きくなったいまも続いています。

子育ては本当にたいへんだなと身をもって感じることばかりで、正解がないだけに悩むことも多く、とくに受験期は心が痛くなることも。

学校選びも、長女や次女のときは反省することも多かったですが、長男のときはさすがに三回目で、広い視野で探すことができて、結果として本人に合ったいい高校、大学に行けてよかったねって、よく話しています。

長男の高校の卒業式には、長女と次女が出席したんですよ。笠っちが仕事で行けなくて、私は普段から保護者会で学校にはよく顔を出していたから、「お姉ちゃんたち、卒業式行きなよ」って。「絶対写真撮ってきてね」ってお願いして、たくさん撮ってくれました。

「親子やきょうだいの写真は残しておいたほうがいいよ」って。

年に五回の誕生日

妹の家族は、すごく仲がいいんですよ。

全員食べることが大好きで。お酒もすごく飲むんです。私は外食したら二、三杯付き合うくらいで、家ではほとんど飲まないです。

子どもたちが小さいときは、笠っちが休みの日はよくみんなで外食に行っていました。それも、最近私は行かないようにしています。

いつか私は、沖縄に帰るので。

子どもたちがある程度大きくなったとき、長男が高校生になったくらいからかな。「もう家族だけで過ごしてください」って、親離れではないですけれど、少しずつ距離をとっていこうという気持ちがありました。

それに私も、ひとりの時間があんまりなくて、日曜日くらいはゆっくりさせてって。みんなでおいしいごはんを食べに行くよりも、家でひとりでのり弁を食べているほうが気が楽というか、何も考えずに家でゆっくり過ごす時間が必要だったというのもあります。

沖縄に帰るか、具体的に決めているわけではないんです。そろそろ帰っても大丈夫かなと自分のなかで思ったときが、帰るときかなと。

子どもたちが自分で生活できるようになったらという目安はありますが、ちょっと私、育て方を間違えてしまって。手をかけすぎたというか、たとえば私が沖縄に帰省するときには、洗濯機や電子レンジの使い方をメモして置いておくという状況で……私は心配性なので、いろいろしてしまうんです。

反省点をふまえて、三番目の長男には、高校生くらいから少しずつ家事をさせるようにしました。いまは大学に進学して一人暮らしをしていますし、末っ子は大丈夫だなって。

そんなことを言いながら、私は家事のなかでいちばん料理が苦手なんです。料理人の家なのに、自分では献立もなにも決められなくて、子どもたちのリクエストで生姜焼きとかカレーとか、言われたものをつくるほうが楽です。お姉ちゃんたちは野菜中心のメニューだと喜ぶので、この前ミネストローネをお鍋いっぱいにつくったら、「これお店で出せる」って褒められてうれしかったです。

長男が高校生の三年間、笠っちが毎朝お弁当をつくってくれたのは、ものすごく助かりました。朝早く起きてお弁当をつくるのが、本当にストレスだったので。余ったおかずを冷蔵庫に入れておいてくれるのもありがたくて、それを私がお昼に食べたりして、甘いたまご焼きなんて、本当においしかった。

以前、長男からお魚が食べたいってグループラインでリクエストが来て、久しぶりに笠っちがいろいろつくってくれたんですけど、短時間でよくこんなにつくれるなって、改めてびっくりしました。手際もいいし、大皿にあれこれどんと盛って、みんなで取り分けて食べて、おいしくて。毎日でもやってほしいって思いました。

最近は外食にはついていかないと言いましたが、年五回、家族の誕生日だけは必ず一緒に過ごします。

主役のリクエストを聞いて、笠っちがお店を選んでくれたり、主役がお店を指定したり。昨年の私の誕生日は、イレギュラーだったんですが、東京ディズニーシーに行きました。「ソアリン：ファンタスティック・フライト」という世界各地を旅するアトラクションに、家族のなかで私だけ乗ったことがなくて、「ホテルミラコスタ」に泊まって。

笠っちは、普段仕事でほとんど家にいないぶん、すごく気を遣ってくれているなと感じます。

ちょっと心配なのは、あんまり寝てないこと。私たちが寝ている間に帰ってきて、朝起きたらもういない。深夜にテレビを見ながら晩酌しているのが灯りでわかるんですけど、「えーまだ起きてるのー」っていう感じで、本当に寝ないです。いくら仕事が好きでも、働きすぎだなって感じます。栄養ドリンクを箱で買って置いておくと、それを飲んだりしているみたいです。サウナが好きなので、それでストレス発散しているのかな、とは思いますけれど。

父親としての笠っちは、子どもたちにもあんまりきついことを言わないですね。もともと怒るタイプの人ではないですし、子どもたちも父親に対して汚い言葉とか使わない。親子なんだけど、どこかちょっと他人の部分が入っているような距離感がある。喧嘩もしないし、仲がいいなと感じます。

逆に、私のほうが子どもたちと喧嘩しますし、言い合いになったりもします。とくに女性同士は。

長女は真面目、次女はやさしくて自分をしっかり持っているタイプ、長男はのんびり屋でぜんぜん焦らない。同じきょうだいでもこんなに違うんだなあ、おもしろいなあって思います。

沖縄のお布団

沖縄と東京では、東京に住んでいる時間のほうが、少し長くなりました。

体が馴染《なじ》むのは、やっぱり沖縄です。

帰省したときに実家のお布団で眠るのと、東京のお布団で寝るのでは、ぜんぜん気持ちが違うんですよ。

東京だとあれもこれもやらなきゃいけないと頭のなかがアクティブになっていて、沖縄ではそういった日常から解放されるので、すごくのんびりできます。ごはんをつくったり、掃除したり、東京の家とやることは同じなんですけど、不思議と気が抜けるというか。

いまいちばんやりたいことですか？　それは自分が？

資格をとろうかな、と思い始めています。

子どもたちが完全に独立して、もう私がいなくても大丈夫かなとなったときに、新しい仕事に繋がることを考えていて。

沖縄の母親がいま、デイケアに通っているんですが、みんながみんな、楽しい生活をしているわけじゃない。一人暮らしで苦労をされている方もいらっしゃると聞いて、お年寄りの生活を明るくする、美容系の介護の仕事に興味を持ち始めました。ネイルやマッサージでおばあちゃんやおじいちゃんの身も心もきれいにするというお仕事で、若い人を相手にするよりも、高齢者のほうが素直に喜んでいただけるかなって。自分もだんだん、その年代に近づいていくので。資格をとるには時間もお金も必要ですし、まだどうなるかわからないですけれども。


そういえば、長女が中学生のとき、私が朝食をつくっているときにそばにやってきて、「小学生のころ、ママは朝起きてもごはんをつくってくれなかった」って。

それはそうですよ。

「ママはひとりで三人の子育てでたいへんだったんだよ。私はお酒を飲まないから朝起きられるけど、飲んで寝ないとやっていけないもん、子育てなんて」

普段はこうやって過去を振り返ることがあんまりないので、そんなこともあったなあって、今日はちょっと懐かしかったです。

妹は、結婚してがらっと変わって、すごく見直したなあって。家事もちゃんとするようになって、きれい好きになって、お母さんになったんだなあって。

妻の姉・みーひー／一九六七年七月沖縄生まれ
五十七歳（二〇二四年七月現在）

レシピ3

笠っちの甘いたまご焼き

1個分

❶ボウルにだし45ミリリットル、砂糖大さじ1と1／2、薄口しょうゆ小さじ1を混ぜ合わせる。

❷別のボウルに卵3個を溶きほぐし、①を加えて混ぜ合わせる。

❸卵焼き器にサラダ油適量をなじませて中火で熱し、②の1／3量を流し入れる。全体に広げ、かたまってきたら向こう側から手前へ二つ折りにする。足りなければ油をなじませ、残りの卵液を半量流し入れ、同様に焼く。これをもう一度繰り返す。

第五章

長女・L

パパ、盛らないで

パパはやさしい。

平日の朝、パパが珍しく家にいるときは、「いってらっしゃい、仕事がんばってね」と送り出してくれる。朝ごはんを食べずに出勤して、コンビニのおにぎりやお惣菜で昼食をすませるわたしをみかねてか、時間があればお弁当をつくって持たせてくれる。

一度だけ、高校生のとき、夜中に友だちに会いに行こうとしたらものすごく止められたことがある。怒られたのではなく、止められた。だけど私はパパを無視して、友だちに会いに出かけた。そうしたら、門限をつくられてしまった。いわゆる反抗期はなかったけれども、そのときはパパと口喧嘩をしたから、よく覚えている。門限は、わたしが高校生の間じゅう続いた。

いまはもう、大学を卒業して、社会人も四年目になって、もちろん門限はないけれども。

反抗期がなかったのは、パパがほとんど家にいなかったからだと思う。昔からパパは本当に忙しくて、めったに家で会うことがなかった。いまはもう慣れてしまったけれど、子どものころはさみしかった。

小さいころ、お父さんには週に一回しか会えないのがふつうだと思っていた。小学生になって、まわりのお友だちが毎晩家族揃ってごはんを食べていると知ったときはびっくりして、「あ、うちはほかの家とは違うんだな」となんとなく理解した。

パパが休みの日曜日には、家族みんなでごはんを食べに行くのが楽しみだった。パパもママもお酒が好きで、食事のあとにみんなで武蔵小山のスナックに行って、歌をうたったり、大人たちは楽しそうにお酒を飲んだり。

小さかったわたしは、そのお店が「スナック」というジャンルに属することを知らなくて、ずっとカラオケ店だと思っていた。わたしはパパとママのそばで無邪気に歌をうたい、それから夜にお菓子を食べられるのがうれしかった。

わたしのパパは料理人だ。朝は早いし、夜は遅い。誰にでもできる仕事じゃないから、すごいなあといつも尊敬している。大学生のとき、初めて「賛否両論」でアルバイトをして、なおさら実感した。

わたしには二歳下の妹と、六歳下の弟がいて、三人とも大学生のときにパパのお店でアルバイトをしている。わたしは知らない人としゃべるのがあまり得意ではないから、洗い場担当にしてもらったけれど、妹と弟はホールにも出ていた。妹は社交的なタイプで、弟は友だちがものすごく多い。うらやましい。人見知りなわたしには、絶対に無理だ。

普段からパパの仕事にはなるべく協力したいと思っているけれども、ひとつだけお願いがある。

話を盛らないでほしい。

あまりわたしの話をしないでとお願いしても、インタビューやＹｏｕＴｕｂｅで「長女はすごくお酒を飲む」とかうれしそうに話すので、仕事先の人にまで「家ですごく飲むんでしょ」と言われて、恥ずかしくなる。

家族のこと

わたしは妹のことが大好きで、妹がいなくなったらどうなるんだろう、と思う。妹はこの春大学を卒業して、お金を貯めて一人暮らしをしたがっているので、内心わたしは怯《おび》えている。

弟とは、昔はよく喧嘩していた。年が離れていることもあって、いまはあんまりしゃべらないけれど、仲はいい。弟は大学生になって九州で一人暮らしを始めて、夏休みや年末年始に帰省しても、すぐに部屋にこもってしまう。

パパは、わたしがお酒を飲めるようになってから、飲みに連れていってくれるようになった。パパの仕事仲間はわたしのことを娘とわかってくれているけれど、最近は知らない人から勘違いされることが増えてきて、「娘です」と紹介されることが多くなった。

社会人になってからは、お友だちと一緒に「賛否両論」に行くことも、たまにだけどある。この前は、大学時代の仲のいいお友だち六人で予約をしたら、個室を用意してくれて、パパが全部払ってくれて。すごくよく飲む子たちばかりだったから、ものすごく反省した。

家のパパと店のパパは、ぜんぜん違う。家ではあんまり怒らないパパが、店ではけっこう怒っている。カウンターのなかで黙々と働いている姿を見るだけで、こちらまでちょっと緊張してしまう。

忙しくてほとんど家にいないパパだけど、たまにいるときは、お酒を飲みながら職場の話をしたりする。パパはビール。わたしはレモンサワー。愚痴はあんまり言わない。話しても、わたしが求めている答えが返ってこないから。ただ話を聞いてほしいだけなのに、パパも、一緒に住んでくれているおばさんも、「私たちの時代はこうだった」とか言うので、困ってしまう。パパはドラマの「不適切にもほどがある！」を毎週楽しみに観ていて、わたしもＮｅｔｆｌｉｘで少し観てみたけれど、パパが好きそうなドラマだな、と思った。


家で話をするのは、パパよりも断然、おばさんのほうが多い。

おばさんは、ママのお姉さんだけど、ママにはまったく似ていない。

ママは沖縄出身で、外ではどうだったかわからないけれど、家では沖縄の方言をしゃべっていた。それに対して、おばさんは標準語。沖縄よりも東京での生活のほうが長いと言っているし、ママとは性格も顔も似ていない。

といってもいまはもう、ママの顔がどんなだったか、はっきり思い出せない。

修学旅行

子どものころ、パパと話した記憶があんまりない。

大学二年生になって、「賛否両論」でアルバイトを始めて、帰りに一緒にごはんを食べに行くようになったあたりから、よく話すようになった。お互いの仕事のことか、たわいもない話ばかりしているけれど、たとえばパパのお店の若い人たちの気持ちは、わたしのほうがわかる部分が大きい。パパのいい相談相手になってる、と誰かに言われたことがあるけれど、ママがいないからそうなるのかな？

いまもママが生きていたら、わたしもパパとはこんなに話していないかも。

たぶん、いや絶対に、ママとしか話していない気がする。

ママが亡くなったとき、わたしは修学旅行に行っていた。

パパからは、「ママが危ないときだから」と反対されたけれど、そのときわたしは修学旅行のグループリーダーで、リーダーである以上は、絶対に行かなくてはいけないという強い責任感があった。

いま思えば、リーダーなんて誰でもできるし、わたしが行かなくてもよかったのに。

わたしは昔から、そういうことをものすごく気にするタイプだ。わたしがやらなくちゃ、リーダーなんだから、長女なんだから。

ただ修学旅行に行くと決めたのは自分で、それについては後悔していない。言い合いになるくらい引き留めようとしたパパのせいだとも思っていない。

修学旅行からバスで学校に戻ったとき、そこにパパの姿があった。迎えに来ている時点で、おかしいと思った。

学校から家まで、ふたりで並んで歩いた。歩きながら、パパからママが亡くなったと知らされた。

「旅行中はあえて連絡しなかった。楽しんでほしかったから」

パパはそう言った。

正直、ママの病状がそこまで重いとは知らなかった。いまだに詳しいことは知らないし、中学生だったわたしのなかでは、体調がわるくて入院しているという認識だった。

入院中も、ママとはふつうに習い事のバレエや英会話の話をしていたから。

ママとわたしは、好みが似ていた。

二十五年生きてきて、いちばんつらかったことは、ママが亡くなったことだ。

あの経験があるから、ほかにどんなつらいことがあってもなんとも思わない。

あれ以上につらいことはない。

あのときも、パパはふつうに仕事に出かけていた。

パパはママが死んでもそんなに悲しんでいないのかな、って思うくらいに。

少なくとも子どもたちの前では、感情を表に出していなかった。

わたしは中学二年生、妹は小学六年生。弟は小学二年生で、ママが亡くなったことをぜんぜんわかっていなかった。わたしには、そう見えた。

ママの背中

わたしは昔から、ママによく似ていると言われる。顔が似ているかどうかはわからないけれど、最近とくに後ろ姿が似ているらしい。歩き方がそっくりだって、パパやおばさんによく言われる。

小学生のころ、ママにしょっちゅう「新宿伊勢丹」に連れていかれるのが、わたしはすごくいやだった。ママは買いものが好きで、週末になると妹やおばさんも一緒に新宿に出かけて、買いものを楽しんだあと、みんなでごはんを食べた。

パパは仕事が忙しくて家にいられないぶん、ママがしたいことを全部させてあげていたんだと思う。ママは子どもには厳しい人で、わたしは何も買ってもらわなかった。買いものに付き合わされるよりも、小学生らしく遊びに出かけたかった。

だけどいまは、ママの気持ちが理解できる。


ママとの思い出は、東京よりも沖縄のほうが多い。

わたしは沖縄の那覇で生まれたから、いまでも沖縄に帰るとすごく落ち着く。

子どものころは、毎年夏休みには必ず沖縄に帰って、おばあちゃんの家でいとこたちと過ごして、最後の一週間だけパパが合流するのがお決まりだった。パパが来たら必ずママとふたりで高級なホテルに泊まりに行き、わたしは妹たちとおばあちゃんの家でお留守番。わたしたちはすごくついていきたがっていたみたいだけど、絶対に一緒に行かせてもらえなかった。

ママはお料理をつくることがあんまり好きなタイプじゃなかった。沖縄のおばあちゃんは料理上手で、おばあちゃんから教わったという筑前煮（編集部註：沖縄風煮しめ）をママがつくってくれたことは、よく覚えている。ママの筑前煮は昆布と大根が入っていてとてもおいしかった。

数年前、引っ越しをしたときに、段ボールいっぱいの手紙が出てきた。ママとは意見がぶつかることが多くて、よく怒られていたけど、謝罪の言葉をすべて手紙に書いて渡していたのだ。

びっくりした。小学生のときのことで、わたしはまったく覚えていなかった。さらにびっくりしたのは、ママからの返事もすべて手紙で、その文章を読むかぎりは、ママはとてもやさしかった。褒められた記憶がないくらい厳しいママだったのに。手紙はぜんぶ、おばさんが大切にとっておいてくれたらしい。

ママは小さいころからおばさんと仲が良くて、ママが結婚するまではふたりで東京で暮らしていたと聞いている。パパとママが結婚してからも、おばさんは近くに住んでいて、わたしはたまにおばさんに預けられることもあった。おばさんが沖縄に帰ったあとも、おばあちゃんの家に行ったら必ずここにこと迎えてくれた。

ママが亡くなってからは、パパよりも親みたいな感じで、一緒に住んでわたしたちのお世話をしてくれている。家のことを全部やってくれるのはおばさんで、気を遣わなすぎて申し訳ないくらい。

おばさんはママほど厳しくはないけれど、長女だからか、わたしと似て真面目すぎるところがある。なんでも言えるだけに喧嘩もよくするけれど、なぜか弟にはとてもやさしい。弟はママといる時間が短かったから、自然とそうなるのかな、と思っている。

パパがわたしの話を盛りすぎるのがいやだということは、さすがにパパには言えないけれど、おばさんにはよく愚痴っている。そんなときおばさんはいつも、「仕事だから仕方ないよ」って言う。

わたしも、本当にそう思う。

いまでも実家に住まわせてもらっているし、欲しいものを買ってもらって、食べたいところや旅行にも連れていってくれて、すべてパパが仕事をしているからできることだ。だから、「話を盛らないで」とは、本人には直接言えない。

親に感謝できることが素晴らしいと誰かに言われたけれど、それはママとおばさんのおかげだと思う。

ママもいつも、パパのおかげでいまの生活があると言っていた。

変な言い方かもしれないけれど、パパは料理以外できない人なんだろうな、と思う。

パパとママのおかげで食べることは本当に好き。とくに焼き肉が好きで、ずっとアルバイトをしていたくらい。当時のバイト先の人が武蔵小山で独立して、この前も家族みんなで食べに行ったばかりだ。

いまのわたしの夢は、結婚して子どもを生むこと。

わたしもきっと、ママみたいに子どもには厳しくするタイプだと思うから、家族になる人はパパみたいにやさしくて、やりたいことをやらせてくれる人がいい。

長女・L／一九九八年十二月沖縄生まれ
二十五歳（二〇二四年七月現在）

レシピ4

沖縄風煮しめ

つくりやすい分量

下準備　大きめの容器に干ししいたけ4枚、昆布10グラム、水600ミリリットルを入れ、ひと晩おく。しいたけと昆布は食べやすい大きさに切り、もどし汁はとっておく。

❶大根300グラムは皮をむき、1センチ厚さのいちょう切りにする。鍋に入れてたっぷりの水を加え、やわらかくなるまでゆでる。ざるに上げて水けをきる。

❷さつま揚げ4枚を4等分に、にんじん150グラムは一口大の乱切りにする。

❸フライパンにごま油小さじ1を入れて中火にかけ、具材のすべてを加えて炒める。油がなじんだら、もどし汁600ミリリットル、しょうゆ70ミリリットル、みりん70ミリリットル、砂糖大さじ1と1／2を加える。ひと煮立ちしたらアクをとって弱火にし、落としぶたをして20分ほど煮る。火を止め、粗熱をとって味を含ませる。

第六章

次女・夕莉

夢

私は一年以上前から、ＹｏｕＴｕｂｅをやっている。セルフでカメラを回して、おいしいもの、旅先でのこと、美容のこと、ルッキズムのこと、自分が興味のあることを記録して、編集するのが好きで始めたチャンネルが、最近やっと、登録者が数百人を超えた。

しばらくして、父親がＹｏｕＴｕｂｅチャンネルを始め、すぐに登録者数を抜かされて、くやしいから登録しなかった。いまは登録こそしているけれど、ぜんぜん観てない。あっという間にシルバーの盾をもらっていて、本当にすごい。

父親のお友だちの「なすび亭」の吉岡シェフが、父親よりもずっと前からＹｏｕＴｕｂｅチャンネルをされていて、「吉岡さんとコラボしようかな」ってふざけて父親に話したら、「めっちゃいいじゃん」って返された。

本当は父親とコラボしたいけど、自力でもうちょっとがんばりたいところがあって、私の番組の登録者数が数万人になったら、お願いしようかな。そのことは、父親には伝えていない。

父親とは、仲がいいほうだと思う。恵比寿の「びっくり寿司」に行きたくなったらラインして、父親の仕事が終わったら合流して、お寿司を食べながら人生相談をする。それを友だちに話したら、「めっちゃ仲いいじゃん」ってびっくりされた。

基本的には、父親よりもみーひーになんでも話す。みーひーは、母親のお姉さんで、小さいときからずっと一緒だった。一時期はみーひーが沖縄に帰っていたときもあったけど、私たちがおばあちゃんの家に行ったらそこにいつもみーひーがいた。父親よりもずっと一緒にいるから母親みたいな存在で、女性同士ということもあって、なんでも相談できる。みーひーに相談してから、父親に相談する。「それ、パパにも話したほうがいいんじゃない?」ってみーひーが言うから。

将来、私はカフェを開きたい。父親は私に就職してほしかったと思う。リクルートスーツを着て、一般企業への就職活動もしてみたけれど、なんか違うなと感じて途中でやめた。やっぱり私はカフェをやりたいって改めて思えたから、就職活動はやってよかったと思う。

大学を卒業したらバリスタの専門学校に通おうかなと考えていたとき、父親に相談したら、「だったら現場に入って学んだほうがいい」と言われた。父親は現場主義。私も、「たしかに」と納得した。何社か面接を受けて、この春から、関東にいくつかの店舗を持つコーヒーショップでバリスタの修業を始めた。

私の姉は、見た目は派手だけど、性格はめちゃくちゃ真面目。大学を卒業して、ちゃんと就職した。その点、私は真面目の真逆すぎて、父親にはすごく心配をかけてしまった。最後の最後で仕事が決まってよかったけれど、心配させてごめんなさい、という気持ちでいっぱいだ。

関東圏内とはいえ、いまはシフト制でいろんな店舗を回っている。私は東京以外の場所に住みたいと思ったことはないけれど、花粉症がひどくて、沖縄に行きたいなと思うことはある。沖縄では誰も急いでいないし、みんなやさしくて、あったかい。二十代のうちに、海外で働くのもいいかなと思ったりもする。カフェが好きだから、まずはバリスタの資格をとって、ワーキングホリデーを利用してオーストラリアのメルボルンに住むのもいいな。

できるだけ早く自立して、お金を貯めて実家を出たいなと思っている。

姉と弟

姉と弟とは、ものすごく仲がいい。
姉は二歳上、弟は四歳下。
姉とは同じアイドルが好きという共通点もあって、この前も札幌にふたりでライブを観に行った。一泊して、お寿司やスープカレーを食べた。

弟は大学生になって家を出てしまったけれど、休みのたびに帰ってくるし、春休みには姉と三人で大阪のユニバーサルスタジオに遊びに行った。一時間半くらい並んで、串カツも食べた。

姉と弟はいまでこそ仲がいいけれど、子どものころはしょっちゅう喧嘩していた。ふたりとも譲らない性格で、よく似ていたから、喧嘩しちゃうんだろうな。私はしょっちゅう、ふたりの仲介役をしていた。

姉は母親ともよく喧嘩していた。弟がまだちっちゃくてすごく手がかかっていたこともあり、家のなかはけっこうたいへんだった。そのときも、私が姉と母親の間をとりもっていた。

十歳のとき、小学校で「二分の一成人式」という行事があった。その一環で母親から手紙をもらったのだけど、「夕莉はいつも自分の意見を言わなくて、我慢することが多い」というようなことが書かれていた。それまで自覚がなかっただけに、母親はそんなことを思っていたのかと意外だった。なんていうのかな、当時の姉はぶれない軸を持っていて、そのせいで母親とぶつかってばかりだったから、私はいつも姉を反面教師にしていた。あんまり叱られないようにしようと振る舞っていたから、母親には我慢しているように見えたのかなと、いまになって思う。

母親は、怒るとめちゃくちゃ怖かった。怒ったら沖縄の方言になるから、何を言われているのかわからなくて、怖さが増した。いまも母親が生きていたら、いろんなことでめちゃくちゃ怒られていると思う。

それから、母親はすごくお洒落だった。買いものが好きで、当時母親が持っていたバッグやアクセサリーは、いまは姉が使っている。私もたまに、母親のお洋服を着ている。

弟は、身につけるものにまったく興味がない。一緒に買いものに行って、私が選んだ服を着ている。最近は、自分でもちょこちょこ買うようになっているようで、ちょっとよかったなと思っている。

チェキの箱

笠原家はみんなお酒が好き。私もひととおりなんでも飲むけど、いまは健康のことを考えて、家では飲まないようにしている。姉や父がいたら、一緒に飲んでしまうのだけど。

父親とは、子どものころよりも大人になったいまのほうが、交流している気がする。父親の京都出張に勝手についていって、夜は父親の修業時代の先輩のお店「祇園にしむら」に食事に連れていってもらったり。

母親が生きていたときは、毎週のようにみんなで外食していた。

家族の思い出といえば、なにをおいてもディズニーランドだ。母親はディズニーランドが大好きで、よくみんなで泊まりで出かけた。母親に学校を休ませられて、平日に行ったこともたびたびあった。

父親も最初は母親に連れていかれる感じだったのが、行ったら行ったでめちゃくちゃ楽しんでいた。父親がミッキーの耳をつけていたかどうかは覚えてない。いまはディズニーランドよりも、お酒が飲めて大人っぽい雰囲気を楽しめるディズニーシーが好き。

我が家には昔のディズニーグッズがいっぱいあって、二〇一〇年のハロウィーンのときに買ったディズニーのブランケットは、いまも家のソファに置いてある。私も使うし、家族みんなが使ってる。そろそろ捨てようよって言いながら、ずっと。ただ父親がそのブランケットを使っているのは一度も見たことがない。ソファに座っている姿も、見たことがないかも。

父親は家にいるときはいつもダイニングテーブルの椅子に座って、ビールを飲んでいる。テーブルの横には、ママの祭壇がある。

母親は、チェキも大好きだった。ディズニーのチェキを愛用していて、それで家族の写真をたくさん撮っていた。いまでも家のどこかに「チェキの箱」があって、箱のなかには、家族の思い出のアルバムが詰まっているはずだ。

タイムマシン

「ママが生きてたらきっとこうだったよね」

そういう話は、家族でけっこうする。

私はよく、父親に昔のことを尋ねる。「ママとどうやって出会ったの?」とか、「なんで結婚したの?」とか。ふたりの出会いは新宿の日本料理店で、父親が母親に一目惚れしたこと、結婚したのは姉を妊娠したから。父親はそう言ってる。

父親は私に、「どういう人がタイプなの?」と聞いてくる。「結婚したいの?」って聞かれたこともある。父親は男らしい人がいいと信じていて、マッチョで、ゴリゴリの、強い人が理想らしい。私が最近の推しのアイドルの写真を見せたとき、「なんか女の子みたい」と言われた。イケメン俳優を「かわいい」と表現することにも、「なんだそれは、男にかわいいって」とかなり不満そうだ。

一度だけ、父親に「料理人を紹介して」とお願いしたことがある。私は父親が理想とするゴリゴリでマッチョな人は苦手だけれど、彼氏ができたら絶対に父親に紹介する。

父親と母親は、仲がよかったと思う。ふたりともお酒が好きで、どちらかといえば、父親が母親の尻に敷かれていたかも。

もし過去に戻れるとしたら、母親が入院していたときに戻りたい。

私が小学五年生から六年生にかけて、入退院を繰り返してどんどん痩せていく母親の姿を見るのが怖くて、現実に向き合うことができなかった。向き合いたくなかった。

学校が終わって、電車で習い事に通う途中に、母親が入院している大きな病院があった。父親からは「ついでに行きなよ」って言われていたのに、ぜんぜん行かなかった。病気のことは、なんとなくがんだということはわかっていたけど、当時の私は詳しいところまでちゃんと理解できていなかった。

余命があることも知らなかった。

あのとき、もっとママに会いに行けばよかった。

恩返し

私は高校を卒業して英語の専門学校に行き、私立の大学に編入した。国立の大学に行った友だちに比べたらすごくお金がかかっているし、父親が働いてくれているおかげで生活ができているから、早く恩返しがしたい。

自立したい気持ちが強くて、そのために自炊もしている。

ある日、食物繊維をとりたくて、れんこんを使ったレシピを料理アプリで検索して、れんこんとこんにゃくの甘辛しょうゆ炒めをつくった。動画のとおりにつくったそれは、味が薄く、締まりがなかった。調味料を倍にして足してもまだ薄くて、れんこんにいつ火が通っているのかもわからずひとりでキレていたら、たまたま家にいた父親が味見して、「ぜんぜんだめだ」って直してくれて、めちゃくちゃおいしくなった。「しょうゆとみりんは一対一で使え」とか、「最後は強火で一気に火を通したら照りがでる」とか、ちょっとしたお料理教室みたいだった。最近、私はなぜに健康に気を遣うようになってきて、たいてい和食をつくっている。

子どものころ、家の近くにお蕎麦屋さんがあって、日曜日のお昼はよく家族で蕎麦を食べに行った。お蕎麦屋さんのメニューのなかに、唯一しょうゆラーメンがあって、私だけいつもラーメンを食べていた。そこからラーメンがすごく好きになって、いまは家系ラーメンのこってりとした世界にはまっている。

母親がつくってくれた料理で覚えているのは、ポークステーキだ。ケチャップソースみたいな手づくりのたれが好きで、それを食べたかっただけなんだけど、今夜はポークステーキという日はうれしかった。母親はあまり料理をする人ではなく、外食やデリバリーも多かったから、なおさらうれしかったのかもしれない。

そういえばつい先日、料理アプリのレシピを参考にして卵焼きをつくったら、父親に「無味だよ」って言われた。「しょうゆと砂糖を入れるといい」とアドバイスされて、つくり直したら、めちゃくちゃおいしくなった。大根のおかずをつくって「食べてね」と冷蔵庫に入れておいたときも、「面取りしてない」って言われたし、期待を裏切らないようにがんばりたい。

父親を見ていると、働きすぎて死ぬんじゃないかなって心配になる。でも「パパが働いてくれているからいまの私が生きている」と考えると、軽々しく「働くな」

とも言えない。私が親だったら、子どもを三人とも私立の大学に行かせて、旅行に行ったり、いろんなおいしいものを食べに連れていったり、絶対にしてあげられない。

父親は、いい意味で「父親感」がない。私にとっては、一緒に飲みにいく友だちのような、先輩のような感じ。まわりの友だちはけっこう父親にがみがみ言われて文句を言っているけれど、父親から怒られた記憶は人生で一度もない（でも弟にはけっこう怒っている。男だからかな）。口にしないだけで、心配はしてくれているのかもしれないけれど。

二十歳くらいのとき、父親と泣きながら喧嘩したことはある。「昔は父親の言うことを聞くのが当たり前だった」という話をされて、普段から自分のときはこうだったという昔話が多すぎることにもフラストレーションが溜まっていて、「なんで私の気持ちをわかってくれないの」とぶつかってしまった。

泣いたのは、もちろん私だけ。父親はずっと困った顔をしていた。最終的には、父親が「わかったよ」って言ってくれて、それで終わった。

みーひーについては「お母さんみたい」と言ったけれど、なにか違うような気もする。私たちのおばさんではあるけど、どちらかといえばすっごく年の離れたお姉さんみたいな存在。小さいころからそばにいてくれることに馴染んでいたから、母親が亡くなったあとも、いきなり環境が変わったという感覚にはならなかった。

みーひーのことは、本当に尊敬している。私だったら、自分の人生を捨ててまで妹の子どもたちを育てるなんてできない。

私たちも大人になったし、いつまでもみーひーに面倒をみてもらうわけにはいかない。みーひーはいつか沖縄に戻るのかな、と思う。そうなったら、私が沖縄に会いに行く。行くしかない。

みーひーとは、母親の昔の話をよくする。みーひーはいつも、「ママは結婚してからすごく変わったんだよ」って言ってる。みーひーと母親は六歳離れているから、姉というよりは、親みたいな話し方で、おもしろいなと思う。

次女・夕莉／二〇〇〇年十一月東京生まれ
二十三歳（二〇二四年七月現在）

レシピ5

れんこんとこんにゃくの炒めもの

つくりやすい分量

❶れんこん150グラムは皮をむき、薄めの半月切り、またはいちょう切りにする。さっと洗って水けをきる。

❷こんにゃく150グラムは5ミリ厚さの一口大に切る。鍋に入れ、ひたひたの水を加えて火にかけ、5分ほどゆでて水けをきる。

❸フライパンにごま油大さじ1を入れて中火にかけ、①、②を炒める。油がなじんだら酒大さじ1、しょうゆ大さじ1、みりん大さじ1、砂糖大さじ1／2を加え、汁けがなくなるまで炒り煮にする。白ごま少々、一味とうがらし少々を振る。

第七章

長男・蕗維

夜更かし

お母さんには叱られた記憶しかない。

お皿を割ったとき、録画してもらったアンパンマンを観るために夜更かししたとき。あとはなんだろう。

お母さんの記憶は、小学二年生までしかない。

お父さんにもよく叱られた。

小さいときは、それがめちゃくちゃ怖くて、よく泣いていた。泣いたところで許されない。態度を改めないかぎりは。

高校生のとき、学年で成績が十六位になって、「すごいじゃん」と言われたのはすごくうれしかった。「すごいじゃん」。

みーひーには、叱られたというか、勉強しなさいとよく言われた。

中学生のときは勉強があんまり好きじゃなくて、ゲームばかりしていた。みーひーの言うことを聞かなくて、それをみーひーがお父さんに話して、「ちゃんと言うこと聞けよ」って、家のなかで三者面談みたいなことをした。

ゲームについては、べつに学校である程度の成績をとってるからいいじゃん、と心のなかでは思っていた。

僕は誰に対しても、あんまり反発することはない。なにか言われたら、ああそうだな、と思うタイプ。自分の性格を分析すると、その日暮らしというか、あらかじめ計画を立てるのは好きじゃない。そのときそのときで決めて生きているという感じだ。


大学はもともと東京で選ぶつもりだったけれど、みーひーがいろいろ調べて見つけてくれた九州の大学を受験して、合格した。国際経営学部。

経営学部というと、まわりの大人たちはすぐ「お父さんのお店を継ぐの?」と聞いてくる。べつにそういうつもりで選んだわけじゃない。僕はニュースなんかを見るたびに、日本は労働環境がよくないと感じていて、海外で働いたほうが楽しいだろうなと思っている。本当は語学を専門的に学べる学部に行きたかったけど、受験してふつうに受からなかった。

日本以外で住んでみたい国は、イタリアとイギリスだ。イタリアは、パスタが好きだから。イギリスは、好きなサッカーチームがロンドンにあるからだ。ロンドンで働いて、休日にサッカーの試合を観に行けたら、きっと最高だな。

小学生のときは野球とサッカーをやっていて、中学と高校ではテニスをしていた。いまは、とくになにもやっていない。大学の授業がけっこう遅い時間まであって忙しいし、休みの日は友だちと遊ぶのが楽しい。大学の近くに温泉がたくさんあることを、大人たちはうらやましいとよく言うけれど、僕にしたら「あったら入るかな」という感じ。小さいころからしょっちゅうお父さんにサウナに連れていかれて、サウナには馴染みがある。だからといって自分で通うほどではなく、スーパー銭湯にいったときにサウナがあれば入るかなというくらいだ。車の免許は、とくにとりたいと思わない。

大学生になって、一人暮らしを始めた。一年生のときは寮に入っていたけれど、二年生になったら出ないといけないということで、みーひーが九州まで来てくれて、少し早めの一年生の秋にアパートに移った。

みーひーにはもうずっとお世話してもらっている。お父さんは仕事が忙しくてほとんど家にいなかったから、お父さんよりもみーひーのほうがしゃべりやすい。もちろんお父さんが家にいるときはふつうにしゃべる。その日あったこととか、スポーツの話をする。

一緒にいたほうがいいかな

大学の休みの期間は、東京の実家で過ごしている。普段は離れて暮らしているぶん、なるべく一緒にいたほうがいいかな、と思っている。

一年生の夏休み、初めて「賛否両論」でアルバイトをした。洗い場と、ホールと、それから少し仕込みもやらせてもらって、すごく楽しかった。仕事が終わったあと、先輩に食事に連れていってもらって、働いて体を動かしたあとのごはんはなんてうまいんだ、と感動した。

お店の人たちは、僕はお父さんにすごく似ていると言う。顔も仕草もそっくりだそうで、アルバイト中にも「マスターかと思った」とたびたび言われた。

二人の姉、L（長女）とゆり（次女）とも、まあ仲がいいほうだと思う。この前も、誘われたから三人でユニバーサルスタジオに行った。並んでいる間ずっとふたりで推しのアイドルの話をしていて、僕はふつうに聞いているだけ。とくに会話に参加するわけでもない。僕の高校の卒業式には、お父さんが仕事で来られなかったから、Lとゆりが来た。まわりの友だちはざわついて、「誰?」と言っていた。

正確に言うと、僕と真ん中のゆりは仲がいい。いちばん上のLとは仲がわるいわけじゃないけど、あんまりしゃべらない。たとえば僕とみーひーが喧嘩をするとき、ゆりは僕のほうについてくれる。Lは、いつもみーひー側。ゆりは僕の気持ちをわかってくれるけれど、Lとはたいていバチバチだ。中学生くらいまでは、わりと言い合いをしていた。Lは真面目で、ゆりはちょっと抜けているというか、ふわっとしている。僕はといえば、優柔不断だ。家族で食事に出かけてメニューを選ぶときも、いつも時間がかかる。

僕はあんまり物欲がない。これまでお父さんにお願いして買ってもらったものも、ゲーム以外はとくにない。いま着ているスエットも、ゆりと一緒に買いものに行って選んでもらったもので、最近はさすがに服に興味を持たないとやばいかな、と思っている。いま欲しいものはヘッドフォン。それくらいかな。

「親父と呼べ」

料理をつくるのは楽しくて好きだ。得意かどうかはわからない。

大学生になって家族と離れて、自分でつくらないとごはんがないというのがある。引っ越しをしてすぐ、調理器具とかお茶碗とか、お父さんが選んで買ったものを、段ボールに詰めて一気に送ってくれた。食器はなぜかすべて二客分あるのだけど、狭い部屋だから置く場所がない。

いまもたまに荷物が送られてくるが、お父さんがつくっている冷凍の煮魚セットみたいなのも入っていて、ぜんぜん食べてない。僕は煮魚が苦手だ。刺し身は食べるけど、煮魚の味つけがあんまり得意じゃない。僕はシンプルな味つけが好きなのだ。みーひーはそのことをたぶん知ってるけど、お父さんは知らないと思う。煮魚セットは友だちにあげたら、おいしいと言ってすごく喜んでくれた。

お父さんのことは、Lとゆりと同じように「パパ」と呼んでいる。お父さんは自分の父親（会ったことはないけど僕のおじいちゃん）のことを「親父」と呼んでいて、僕にも「親父と呼べ」と強要してくる。だけど僕は、「親父」とはなかなか呼べない。

僕のお父さんは、料理がうまいお父さんだ。それはちょっと自慢。高校生だった三年間、ほぼ毎朝つくってくれたお弁当も、おいしかった。僕につくってくれたお弁当のレシピ本も出版して、大学で九州に行ってもどこへ行っても「(お弁当の本)見てるよ」って言われる。Ｌはお父さんがインタビューやＹｏｕＴｕｂｅで自分の話をするのをいやがってるけど、僕はとくに気にならない。

いまいちばん楽しいのは、九州で大学の友だちと遊んでいるとき。それから、ひとりでペペロンチーノをつくっているときだ。

ペペロンチーノはまだ完成形までたどり着いていないけれど、納得できるレベルにまではつくれるようになった。

僕はパスタが大好きだ。毎年、家族の誕生日には主役が行きたいお店にみんなで食事に出かけるのだけど、僕は決まってイタリアンをリクエストする。

大学生になって、自分でペペロンチーノをつくってみようと、インスタでつながっているお父さんの友だちのイタリアンのシェフふたりに、「ペペロンチーノってどうやってつくるんですか?」とDMで質問した。お父さんの友だちはみんなやさしくて、「にんにくは香りが出るまで炒める」とかいろいろ教えてくれて、そこから自分で改良を加えた「シーフードペペロンチーノ」が、いまの僕のお気に入りだ。めんの太さはけっこう重要だと思っていて、あれこれ試して1・4ミリがベスト。誰かに食べてもらうというよりも、おいしくつくれたらすごくうれしい。夢というほどではないけれど、いつかペペロンチーノ専門店をつくったらおもしろそうだな、と考えている。

和食じゃなくて申し訳ない。

お父さんが送ってくれた荷物のなかに、お父さんのレシピ本が五冊くらい入っていたけれど、まだ読んでいない。

なんで起きないの

子どものころの家族の思い出といえば、ディズニーランドだ。仕事でほとんど家にいなかったお父さんも一緒に出かけて、みんなでホテルに泊まって、ディズニーランドもディズニーシーも両方行った記憶がある。僕もディズニーの世界観がすごく好きで、この前も友だちと遊びに行った。「ディズニーに来た！」っていう高揚感。「違う世界に来た！」っていうあの感覚がめちゃくちゃいい。

ディズニーランドはもともとお母さんが好きだった場所だ。お父さんはほとんど家にいなかったから、家でふたりがしゃべっているのをあんまり見たことがないけれど、ディズニーでの思い出と、あとは沖縄のおばあちゃんの家での記憶ならある。沖縄では海で泳いだり、おばあちゃんがつくってくれたソーキそばを食べたりした。

いまはもう泳がないし、おばあちゃんも昔みたいに料理をたくさんつくれなくなったけど、いつ訪れてもやっぱり沖縄は楽しい。

お母さんが亡くなったときのことは、けっこう記憶に残っている。僕が七歳、小学二年生の九月のことだ。

僕はお父さんと一緒に、毎日のように病室にお見舞いに行っていた。その日は、寝ていたら夜中に突然お父さんに起こされたから、すごくよく覚えている。

「病院行くぞ」

僕は眠かったけれどいそいでパジャマから服に着替えて病院に行った。そうしたら、そのままお母さんは亡くなった。親戚がみんな集まっていた。そのあとの、葬式の記憶もけっこうある。

あのときは、死に対してあんまり理解がなかった。

不思議だった。

ママはなんで起きないんだろう?

みんな泣いている。

きっとこれはよくないことなんだ。

お母さんの死について、お父さんやみーひーと話したことは一度もない。もちろんお墓参りには行くし、たまに「ママってこんなだったよね」という会話になることもあるけれど、酒好きだったとか、買いもの好きだったとか言われても、正直なところ僕はお母さんがどんなふうだったか、あんまり覚えていない。

買いもの好きについては、ひとつだけ記憶がある。学校から家に帰っても誰もいなくて、玄関には鍵がかかっていた。なんでお母さんはいないんだろうと外で待っていたら、三十分後くらいに家の前にタクシーが横づけされて、デパートの紙袋を手にいっぱい持ったお母さんが出てきた。

「楽しくなっちゃって、ごめんね」

お母さんは笑っていた。

ぜんぜん罪悪感はなさそうだった。

一日だけ過去に戻れるなら、お母さんが生きているときに戻って、しゃべってみたい。しゃべってみたい、というのもおかしいかもしれないけれど、お母さんの記憶があんまりないから。大人になったいまの状態でお母さんに会って、「どう？僕大きくなったけど」って言ってみたい。

お父さんは、自分のお父さんが五十二歳のときに亡くなっているから、自分もその年齢に近づいていることをけっこう気にしているみたいだ。僕は、お父さんと自分を比較することはあんまりない。

僕のお父さんは、料理がうまいお父さんだ。

いまでもほとんど家にいないし、働きすぎだと思うけれど、インタビューでもなんでも、お父さんが必要としているなら協力する。僕が断ったら、お父さんが困るからだ。

長男・蕗維／二〇〇五年三月東京生まれ
十九歳（二〇一四年七月現在）

レシピ6

シーフードペペロンチーノ

1人分

❶にんにく2片のうち1片はみじん切りに、もう1片は薄切りにする。

❷鍋にたっぷりの湯を沸かして塩適量を入れ、スパゲッティ（1・4ミリ）100グラムを加えて、袋の表示どおりの時間でゆで始める。

❸フライパンにオリーブオイル大さじ2を熱してにんにくを加え、香りが立つまで炒めて、塩適量を振る。

❹オイルににんにくの香りが移ったら、赤とうがらしの小口切り好みの量、パセリ適量、シーフードミックス200グラムを加えて炒める。

❺火が通ったら鶏ガラスープのもと大さじ1を加えてさっと混ぜる。②のスパゲッティを、湯をざっときって加え、全体に味をからめる。

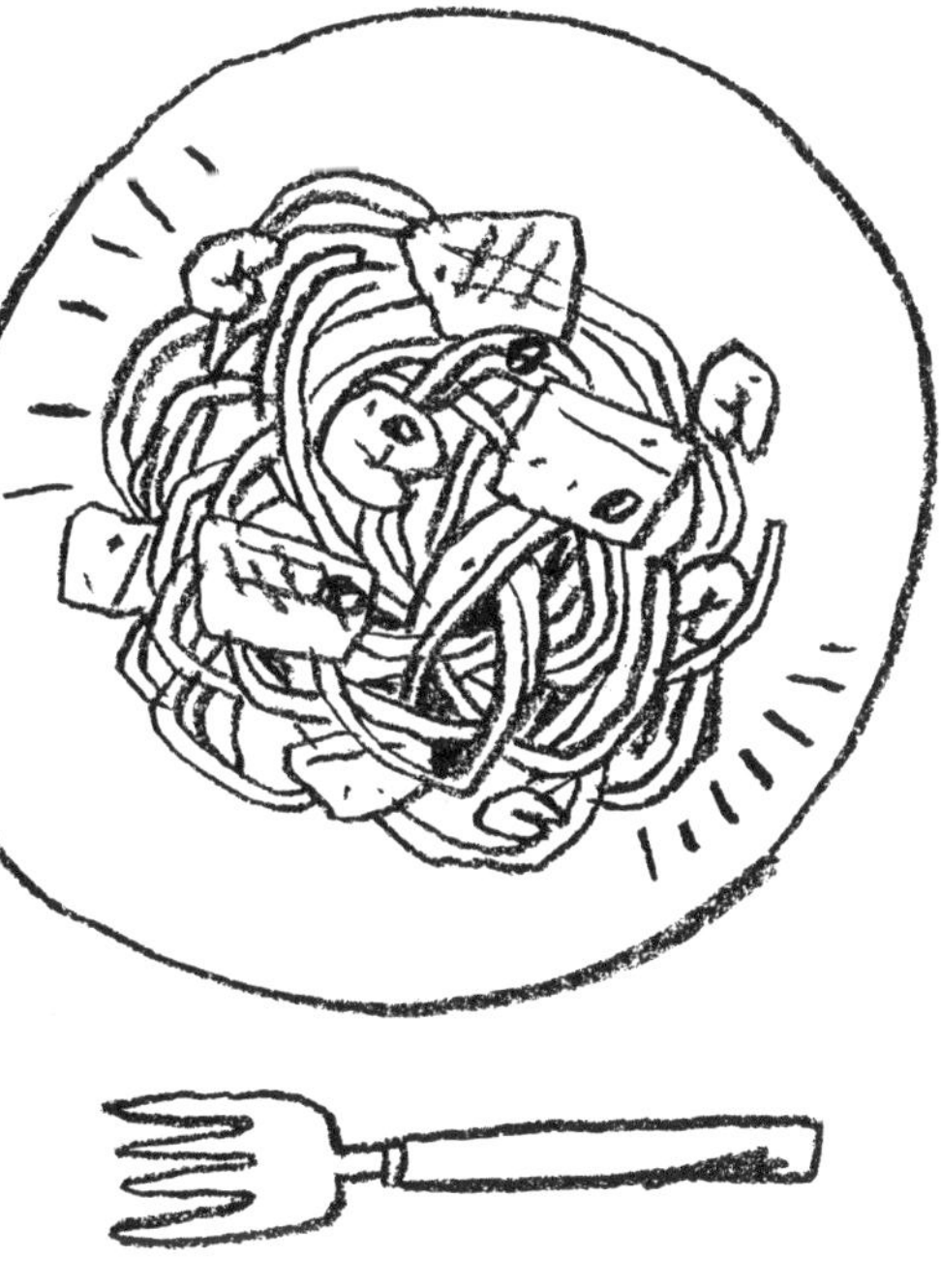

第八章

母・陽子

お袋の口ぐせ

「つまんない男だねえ」

お袋は、よく僕にこう言った。

小学生のころ、欲しいものを買ってもらえなくてふてくされたとき、本当にちょっとしたときに、僕だけではなく親父にも、「あぁ、つまらない男だねえ、うちの男たちは」と言い放った。

僕にとって、お袋のその言い方は、がみがみ怒られるよりも何倍も効果があった。

つまらない男にはなりたくない。


お袋が一貫して言いたかったのはこうだ。

男だったらこんなふうに振る舞わないとモテない。

男には色気も必要。

色気がない男はダメ。

そんなんじゃ、お見合いのときに、マァ振られる。


中学生になると、武蔵小山の商店街をお袋と並んで歩くのがだんだん恥ずかしくなっていった。いわゆる反抗期とまではいかなかったけれど、たいていの思春期の男子がそうであるように、親になにを言われてもうるさく感じる多感なころ。僕の場合は親父が厳しく、なにかあればバーンとゲンコツをくらうのが怖かったこともあり、そのぶんお袋にはけっこう反抗していたと思う。

僕はお袋に言った。

「もうあんまりくっつくな」

お袋は、苦笑いをしながらこう言った。

「ちっさい男だねえ」

僕は余計に腹が立った。

ちっさい男にもなりたくない。

お袋は、「陽」の人だった。名は体を表すとはよくいったもので、明るくて、社交的で、ちょっとミーハーチックな部分もあった。小学生のとき、僕が書いた作文が全校新聞に掲載された。それをたくさんコピーして、まわりの人たちに配っていたらしい。僕はそのエピソードを、お袋が亡くなって随分経ってから、「賛否両論」によく食事に来てくれるお袋の友人たちから初めて聞いた。

お袋はいま生きていたら七十六歳か。きっと僕のレシピ本は全部買って揃えて、テレビの番組もひとつ残らず録画して、「マサヒロ、この日の予約早くとりなさい」とか、敏腕広報みたいな立ち位置になっていたんじゃないかと思う。

お袋は、中学校の同級生だった親父と「商店街内結婚」をして、僕が二歳か三歳のとき、親父とふたりで焼き鳥店「とり将」を始めた。

店の上に住んでいたとはいえ、「学校から帰ったらお母さんが迎えてくれる家」に憧れた。お袋はいつもエプロン姿で、「とり将」のカウンターに立っていた。両親は店のことで忙しく、小学生のころは近所の親戚の家でごはんを食べたりしていたけれど、中学生になると、学校から帰って店のカウンターで宿題をして、夜は親父がつくってくれる鶏つくねやスープなんかを食べながら、両親と常連さんたちの会話にいっちょまえに参加したりしていた。

「私だってやればできるのよ」

と言うのもお袋の口ぐせだった。料理は親父の担当だから自分がする必要がないだけで、私だってつくらせたらうまいのよ、という持論である。

お袋は、僕の誕生日会には必ず、おでんをつくってくれた。

昭和の小学生たちにとって、友だちの家に招かれる「誕生日会」はちょっとしたイベントだった。お袋のおでんには、決まって鶏の手羽先が入っていた。おそらく、親父の仕業だと思う。おでんは箸で食べるものだが、手羽先だけはみんな手でつかみ、前かがみになってむしゃむしゃ食べた。

家の近所にでっかいおでん屋さん（練り物店）があって、誕生日にはお袋とふたりでそこへ出かけ、あれがいい、これを入れてくれと、おでんの具を好きなだけリクエストできるのも子ども心にうれしかった。

いまから思えば、小学生の誕生日会におでんとは渋すぎる気もするが、お袋はなにかあったらおでんをつくっていたから、きっと得意料理だったのだろう。

ふと思う。あれは、「今日はどれでも好きな具を選んでいいのよ」というお袋ならではの愛情表現だったのかもしれない。

お菓子づくり

この本の編集者が、「ヨウコさんとの楽しい思い出はありますか」と質問してきた。それはまあ、いっぱいふつうにある。

小さいころでいえば、お袋とふたりきりではないにしても、たくさん外に遊びに連れていってくれた。仕事の休み時間に体があくと、店の前でキャッチボールの相手をしてくれたのも、親父ではなくお袋だ。

忘れもしない。中学一年生のとき、僕の部屋にオーブンレンジがやってきた。おじいちゃんの家からもらったもので、僕は男の子がプラモデルをつくるような感覚で、喜々としてお菓子づくりを始めたのだった。

お袋はなにをつくっても喜んで食べてくれた。「上手になったじゃん」と褒められるとますますうれしくて、「次はチョコレートケーキをつくってみようかな」とつぶやけば、お袋はおもしろがって、ケーキ型やハンドミキサーといった道具をあれこれ買ってくれた。お袋はコーヒーが好きだったから、おやつ代わりにちょうどよかったのだろう。僕は僕で、こんなにおいしいものが家でつくれるのかと感動して、夢中になってケーキをつくり続けた。

べつに、ケーキじゃなくてもよかったのかもしれない。

ただお袋が褒めてくれるのがうれしくて、ケーキを焼いた。

料理は親父がつくるものというイメージがあったから、なんとなく遠慮していたような気もする。


編集者は続ける。「ヨウコさんのなかでは、いまでも〝ケーキづくりが好きなマサヒロ〟というイメージのままなんでしょうかね」。

そうかもしれない。あのころは、料理人になろうとはまったく思っていなかった。

お袋は、僕が高校を卒業して板前の修業に出たことも、親父の店をいっとき継いだことも、それから「賛否両論」を開いて二十年のいまに至ることも、なにも知らない。

陽子さん、陽子さん

お袋は、僕がわりと小さいころから、よく腹が痛いと言っていた。あまりにしょっちゅう言うもんだから、子どもも心に心配していたが、お袋は「便秘のせいだ」と言ってあまり気にもとめず、毎日店を開けることが忙しいこともあって、病院に行くこともなかった。親父もお袋も、人間ドックだ、健康診断だと、積極的に受けるタイプではなかった。

高校に入学して、僕はバレーボール部に入った。入学式には、お袋も参列してくれたから、あのころはまだ元気だったはずだ。

それがほどなく、どうにも調子が悪いからと病院で検査を受けると、すぐに入院して手術をするということになった。

親父は言った。

「別にわるいものじゃないけど、どうせならとっておいたほうがいいって病院で言われちゃったから」

僕は当然のように、そのうち退院して治るのだろうと思った。考えてみれば、お袋はちょっと痩せて細くなっていたけれど、それが死に至るようなものだとは、あのころの僕はつゆほども思っていなかった。

お袋が入院するというので、お袋の両親、僕にとってはおじいちゃんとおばあちゃんが、当時住んでいた福岡から武蔵小山の家に泊まりにきて、掃除や洗濯、僕の弁当づくりをやってくれることになり、なんなら家族が多くなった気がしてうれしかったくらいだ。五月あたりのことだったと思う。

いまから思えば、家から学校まで自転車で通っていた僕には、通学途中にある病院にはその気があれば毎日だって行けたはずだ。毎日でも、見舞いに寄ってあげたらよかった。

親父は何も言わなかった。本当のことは。

おそらく、息子である僕以外にも、誰にも。


手術を終えたお袋はどんどん元気になっていった。僕には、そう見えた。退院することが決まったとき、親父は言ったのだ。

「もうこの病院に来ることもないだろうから、ステーキでも食うか」

親父は僕を病院のレストランに連れていき、ステーキを二人前注文した。いまから思えば、あのとき親父はわかっていたのだ。


退院後、しばらく仕事はしないほうがいいということで、僕は生まれて初めて、「お袋と過ごす日々」というものを経験する。学校から帰ったら、家にお袋がいる。何も知らない僕は、そのシチュエーションがぎこちなくもうれしかった。おじいちゃんとおばあちゃんもまだ家にいてくれたし、たまにお袋が店を気にして顔を出すと、常連さんは喜んでくれる。

「陽子さん、陽子さん、おかえり！」

お袋は、店でも人気者だった。

しばらくは、以前の生活が戻った気がした。

夏が終わり、秋がくると、お袋はまた入院してしまった。

おそらく、そのころだと思う。親父がお袋の「本当のこと」をおじいちゃんやおばあちゃん、親戚たちに話したのは。そのあたりから、誰かが交代で病室に滞在するようになった。

僕も時間を決めて病室にいることになり、学校と部活が終わって夜の七時から八時くらいに病院に到着し、親父が仕事を終えてやってくるまで、三時間から四時間をそこで過ごした。ベッドの上のお袋とちょっとした会話をしたり、学校の勉強をしたりしながら、親父が来るのを待った。

「おまえ、何も食べてないだろう」

親父はコンビニで弁当を買ってきてくれるのだが、そのころすでにお袋は固形物を食べられなくなっていた。「お母さんの前で食べものを食べるのはかわいそうだろう」と、病院のロビーで親父とふたり、コンビニの弁当を食べながらなんでもない話をした。

「お母さんは今日元気そうだったよ」

「そうか」

いまから思えば、親父はえらかった。

夜遅くまで仕事をして疲れているのに、毎晩欠かさず、朝まで病室にいた。釣りが大好きだった親父は、店が休みの火曜日は必ず海に出かけていたが、あのときはもう半年以上、釣りに出かけていないようだった。そのかわり、火曜日は一日じゅう病室でお袋に付き添っていた。

いまから思えば、親父はなにか言いたそうだった。夜の病院のロビーで、父と息子ふたり並んでコンビニの弁当を食べているとき。「お母さんはがんだ」ということを、僕に言いたかったんじゃないか。だけど言わない。言えない。言わないほうがいい。

いまの僕にはわかる。あのときの親父の葛藤が。

夫婦の話

秋から冬になり、正月。お袋が家に帰ってきた。

病院の先生はおそらく、「これが最後かもしれない」と一時帰宅を許してくれたのだろう。年末まで点滴をしていたのだから、無理をして帰ってきたことくらいわかるはずだが、高校生とはいえ子どもは浅はかで知恵がない。

僕は思った。そうか、もう退院できるくらいなのか。

いまならわかる。共通したなにか。点滴の管、病室にそこはかとなく漂う匂い、もうだめかもしれないという感覚――。世の中には、知らないほうがいいこともあるが、わかるからこそ備えができる、という側面もある。

「もうお母さんだめだから」

親父から、お袋の「本当のこと」を知らされたのは、お袋が亡くなる三日前だった。

悲しいのと、驚きと、うまく表現できない感覚が全身を駆け巡った。

お袋は大腸がんだった。

僕は、時間が許すかぎり、お袋と一緒にいた。手を握ったり、体のあちこちをさすったり。かろうじてしゃべることはできても、話しかけても苦しそうだったから、とにかくずっと一緒にいた。


最期は、哀しいことに、お袋は僕よりも親父を選んだ。

もちろん僕のことも気にかけてくれた。

ただ最期は——僕はいまだにこのことを思い出すとものすごくせつなくなる。

お袋は、親父にもっと近くにきてくれというジェスチャーをした。親父がぐっと体を近づけると、お袋は親父の顔を、両手で愛おしそうに撫で回した。

そばには僕もいる。

だけどそこは、お袋と親父のふたりだけの世界だった。


編集者は言う。

「そのときお母さまはご自分の命がなくなることを……」

わかっていたと思う。

もう三十五年以上前のできごとだが、あのときのことは、強烈に、鮮明に覚えている。

編集者は続ける。

「泣きましたか」

すごく泣いた。めちゃくちゃ泣いたよ。

＊

親父はお袋を、「とり将」の座敷に連れて帰った。お袋も、家よりも店に帰りたかったんじゃないかな、と思う。

どんな情報網で回ったのかわからないが、お通夜も葬式もまだなのに、近所の人たちがあっというまに「とり将」にやってきた。しかも大勢。子ども心に、悲しむと同時にびっくりした。お袋はそのとき四十一歳で、いまの僕よりも十歳も若い。僕の同級生も「笠原のお母さん死んじゃった」ってやってきて、近所のおばさんや常連さんたちは前掛けをして手伝いに来てくれた。お通夜から夜通しいろんな人が来て、当然のように飲んで帰る。親父も僕も、忙しすぎて、悲しいという感情が一瞬でも消えた。

お袋は、ちゃきちゃきしていて、怒るとおっかなかった。元気で、明るくて、常連さんからも、親戚からも人気があった。まだ高校生だった僕に、「将来孫の顔を見たい」とよく言っていた。「いまどき大学は出ておいたほうがいい」とも。

もしタイムマシンがあって、連れていってもいいのであれば、お袋に三人の子どもたちの顔を見せてあげたい。親父もお袋も海外旅行に行かないまま死んじゃったから、ハワイくらい連れていってやりたい。いや、行きたいところはぜんぶ連れていってやる。欲しい服も買ってあげて、時間があるなら、料理もつくって食べさせてあげたい。

僕はお袋に言う。

「将来あんたの息子はまあまあいい料理人になるんだよ」

母・陽子／一九四八年二月八日〜一九八九年二月一日
享年四十二

レシピ7

笠原家のおでん

つくりやすい分量

❶大根300グラムは3センチ厚さに切って皮をむく。じゃがいも（小さめのメークイン）2個は皮をむき、さっと洗う。

❷ちくわ（おでん用）1本、ちくわぶ1本、はんぺん1枚は、それぞれ食べやすい大きさに切る。こんにゃく1枚は食べやすく切って竹串を刺し、フォークでところどころ穴をあける。

❸鶏手羽先4本は骨に沿って包丁で切り込みを入れる。

❹鍋にたっぷりの水を入れて大根を加え、25分ほどゆでる。こんにゃくを加えてさらに5分ほどゆで、ざるに上げる。同じ湯でお好みの練りもの（さつま揚げ、ウインナー巻き、ごぼう巻きなど）をさっとゆでてざるに上げる。最後に、卵4個を10分ほどゆでてゆで卵をつくり、殻をむく。

❺別の鍋にだし1200ミリリットル、薄口しょうゆ大さじ2、しょうゆ大さじ1、みりん大さじ3、塩小さじ1／2を入れて火にかけ、大根、じゃがいも、こんにゃく、ゆで卵、手羽先、ちくわぶを加え、沸かないくらいの弱火で30分ほど煮る。だしが減ったら、適宜加える。

❻ちくわ、練りものを加えてさらに10分ほど煮て、はんぺんを加えてさっと煮たら、完成。

◎食べるときに、粉とうがらし大さじ2を同量のぬるま湯で溶き、酢小さじ1／2、薄口しょうゆ小さじ1／2、砂糖小さじ1／2を混ぜ合わせたものを添える。

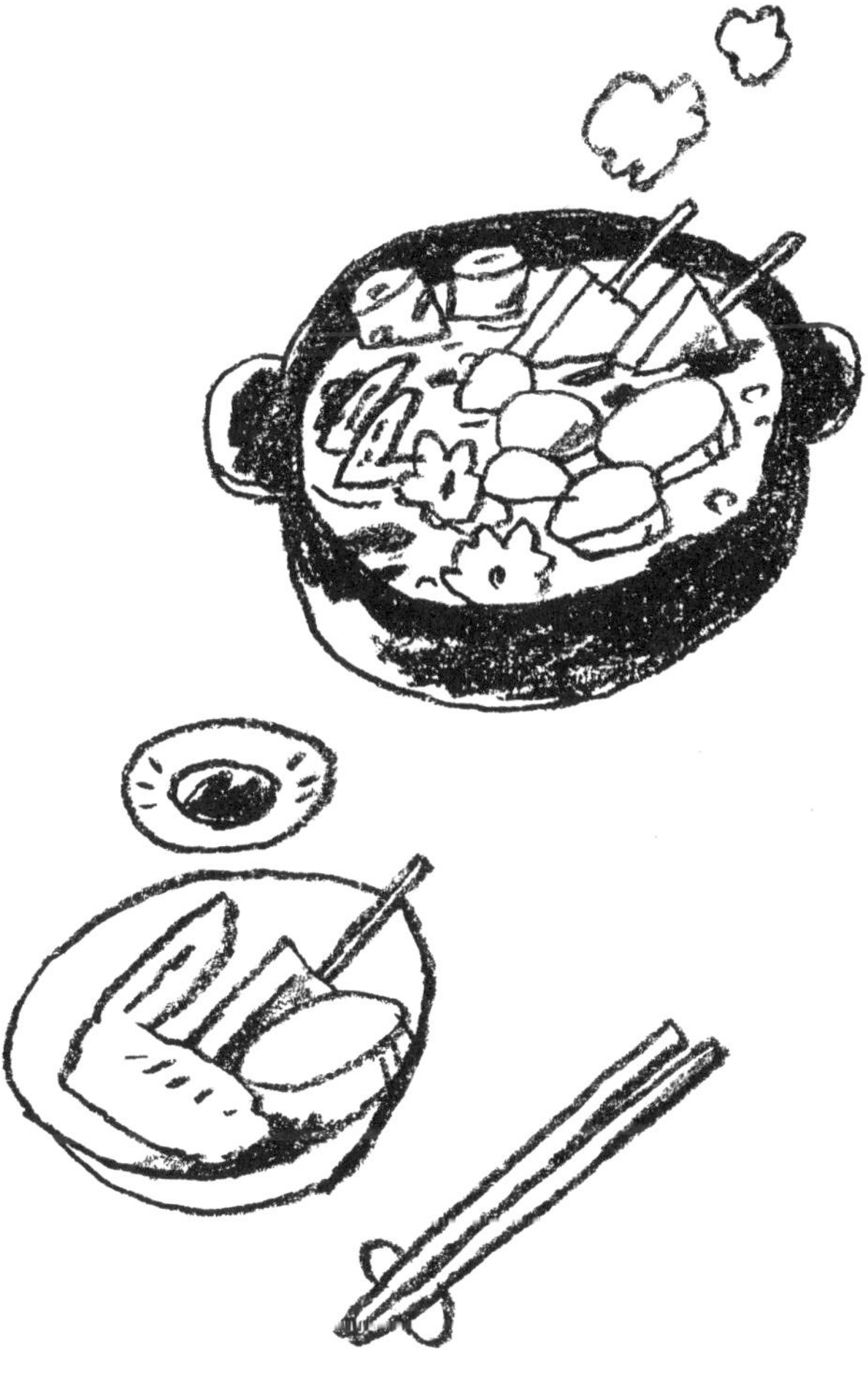

第九章

和食をひらく

本音

お袋が亡くなったあと、僕は親父を随分責めた。

なんでもっと早く、「お母さんはがんだ」と言ってくれなかったのか。それさえわかっていたら、お袋の命が長くないことを知らされていたら、毎日病院に行った。部活も、友だちと遊ぶことも、いつだってできた。


葬式が終わり、当たり前のように日常が戻ってきても、親父はだいぶ元気がなかった。それでもわりと早い段階で、店を再開したと記憶している。

親父はひとこと、ぼそっと言った。

「俺もやらなきゃな」

僕は僕で、学校を休んでいたぶんの勉強や、追試などで忙しくなり、あっというまに高校二年になった。

夏くらいだったと思う。親父は一週間の休みをとり、沖縄の小浜島へひとり旅に出かけた。

「もう（ひとりでも）大丈夫だよな」

と確認され、僕は生まれて初めて、家でひとりで過ごした。ほんの一週間だったけれども、不思議な感覚だった。お袋も、親父も、常連さんたちも、誰もいない夜。親父は釣りが大好きだったから、松方弘樹のように離島で豪快に釣りをしたかったんじゃないだろうか。もちろん、お袋を亡くしたばかりで、心身をリフレッシュさせたいという気持ちが大きかったと思うけれども。

親父と僕は、以前よりもよくしゃべるようになった。

親父は言った。

「これからふたりで力を合わせて生きていかないといけない」

僕は思った。本当に、ふたりしかいないんだな。

親父のことはきちんと面倒みないとな、と思った。まだ高校生だったけれども、早く孫の顔を見せてあげたいという気持ちが芽生えた。母親と喧嘩している同級生にも、「おまえ、親孝行しろよ」と何度も伝えた。

ことわざにもある。「孝行のしたい時分に親は無し」。

人生なんて、一回しかない。油断していると、あっという間に終わってしまう。そんな焦るような気持ちが、そのときにはあった。

親父は僕の弁当をつくってくれるようになったが、ほどなく僕は「もういらない」と言ってしまう。夜遅くまで仕事をしている親父に早起きをさせるのが申し訳なく、さらにお袋を亡くしたさみしさから、学校も勉強もなにもかもそっちのけで、友だちと遊んでばかりいた。

そのことが関係しているかどうか、自分でもわからない。大人になった僕は、長男が高校の三年間、ほぼ毎朝お弁当をつくった。コロナ禍で家にいる時間が増えたタイミングだったこともある。長女と次女のときは、運動会などのイベント以外は、お弁当づくり含めなにもかもほぼお姉さん任せだった。

長男は意外にもめんどくさい男で、おかずの味が混ざるのがいやだから仕切りをつくってくれとか、奮発してうなぎを入れたら「うなぎはきらい」とか、だったらもう好きなもんばっかり入れてやろうと、本人のリクエストをどんどん取り入れていった。お弁当づくりを通して、長男の意外な一面を知れたことは、まあよかったかなと思っている。

長男は、僕がお袋を亡くした年よりもっと早く、七歳のときに母親を亡くしている。葬式のときも泣いていなかったし、現実をあまりわかっていなかったのか、親戚の子たちと遊んでいた印象が強い。まだ幼かったという意味では、長男にはいちばん、可哀想なことをした。そのせいか本人はやさしく育ち、欲というものがまったくない。素直で、無頓着。僕のお下がりの服も平気で着ている。男同士の絆が深まったのは、長男が大学進学で初めて家を出てからだから、ほんの最近のことだ。
僕はまもなく、親父が亡くなったときの年を超えようとしている。

人生の巡りとは、一体なんなのだろう。

長男にかぎらず、長女にも次女にも、僕よりも早い段階で母親を失くすという経験を味わわせてしまった。僕には親を失った気持ちがわかる。それはもう、圧倒的に。母の日とか、世の中が騒ぐ感じがいやなのは、お母さんがいない子どもたちが、すごく寂しい思いをするからだ。

試練は乗り越えられる人にしかきませんよ——

そんな言葉をどこかで聞かされるたびに思う。僕はまだ、乗り越えられていない。乗り越えられる人だって、試練なんて与えられたくない。みんな綺麗事ばかり言わないでくれ。

だから僕は冷めている。人生に。

いつか笑顔になれる？　がんばろう？　部外者に言われても、まったく心に響かない。悲しい気持ちなんて、当事者以外にわかるわけない。

伊集院静先生の本には、とても救われた。伊集院先生は前妻の夏目雅子さんを若くして亡くされ、そのことを想起させる文章に触れるたびに、自分に言い聞かせた。つらいのは僕だけじゃない。そうやって、行き場のない感情を消化してきた。

伊集院静先生、東海林さだお先生、椎名誠先生、池波正太郎先生——僕は昔から本を読むのが好きで、本の中の言葉にも随分救われたのだった。

サードプレイス

両親だけでなく、妻を失くした僕を助けてくれたもの。

家族以外でいうと、同年代の料理人仲間と、年齢もばらばらな野遊び仲間、それから武蔵小山の幼馴染みたちだった。

仕事をしていればいっときでもつらい気持ちは忘れられるが、僕の場合、人と会って飲んだりしゃべったりすることも、気分を切り替えられてありがたかった。

この本の編集者が、すかさず質問してきた。

「自分がうまくいっていないとき、人に会うのはしんどくないですか？」

思い出した。えーりーの葬式には、みんな来てくれた。泣いてくれた。とくに「とり将」時代に仲良くなったシェフたち——「なすび亭」の吉岡（英尋）や「オステリア ルッカ」の桝谷（周一郎）は本当に心配してくれた。こちらが頼んだわけでもないのに、「母親が保母やってたから、子どもたちをいくらでも預かれるよ」と言ってくれたやつもいた。

ただ、ちょっと人に会いたくないな、という感じはあった。

三人の子育てをしながら店を続けるのは、物理的に絶対無理だ。店を若い子に譲ろうかとも本気で考えたが、子どもたちの面倒をお姉さんがみてくれるということになり、しばらく休んでいた店を再開し、雑誌やテレビの取材も復活し始めたときのことだ。

あるテレビ番組の仕事で、僕、桝谷、吉岡、「四川飯店」の菰田《こもだ》欣也シェフ（現在は「ファイヤーホール４０００」店主）の四人で集まって収録をすることになった。彼らとはえーりーの葬式以来初めての対面で、なんともいえない気恥ずかしさがあった。

僕は言った。

「ありがとね、こないだ。忙しいところ来てくれて、ありがとう」

三人とも、「笠原、おまえ大丈夫か?」と心配しながらも、すぐにいつもどおりの感じに戻り、「久々に飲もうか」とやさしく誘ってくれた。

その夜、仕事を終えた僕らは、当時恵比寿にあった桝谷の店に集まり、いままでもずっとそうしてきたように、遅くまで飲んだのだった。

年齢もばらばらな野遊び仲間も、「マスター、久々にみんなでキャンプでもやりましょうよ」と誘ってくれた。「子どもが遊べる川もありますよ」って、僕だけでなく家族のことまで気にかけてくれる。

こういうときによくわかる。この人は、本当の意味で信頼できる人かどうか、こちらのことを思ってくれているか。血が繋がっているかどうかは、関係ない。

武蔵小山の幼馴染みたちは、おっさんばかり、同学年とは思えない風貌になっているやつもいるし、家族構成も職業もてんでばらばらだ。それがまた安心できる。

たまにふと、こいつには奥さんも子どももいて、両親も健在なのか、と思うこともあるけれども。

おかげさまで僕には、心をひらける友だちがたくさんいる。

料理が上手になりたい

僕は料理が好きだ。

料理をつくること、レシピを考えること、まわりが喜んでくれること、それらのすべてに悦びを感じる。

「笠原さんのレシピ本でうちの献立は成り立っています」

「笠原さんのレシピで、夫が喜んでくれました」

と言われると、素直にうれしい。毎日でも食べたい和食は、どんどんひらかれていくべきだ。

料理以外に好きなことは、ない。

強いていえば、小さいころから親父に連れられてよく行っていたサウナは趣味といえるかもしれないが、そんなもの半分お風呂に入るのと一緒だ。

この本の編集者が、「もし仕事ができなくなったら、希望を失いますか」と聞いてきたが、それは、どういうふうにできなくなるかによるのではないか。これからも仕事を続けられるかどうかなんて、なんの確証もない。

「賛否両論」は夢が叶って二十年もうまく続けられて、おかげさまでお客さんも変わらず来てくれて、経営的にも成り立っている。夢が叶って幸せな半面、僕をがんじがらめにしてくれた存在でもある。

いまの僕のいちばんのジレンマは、予約をとりたくてもとれないお客さんが大勢いることだ。オープン当初は一階のカウンター席だけでスタートした小さな店が、五年前に大家さんのはからいでビルを丸ごと一棟買うことになり、個室も増やしたが、それでも状況は変わらない。
おもしろいもので、夢は実現するとつまらなくなる。つまらないというと語弊があるかもしれないが、「よっしゃ」といくらがんばっても、これ以上お客さんを入れることができない現実。どうしたらいいかわからない。

料理がもっと上手になりたい。それが僕のいまの夢。鮨をかっこよく握ってみたいし、蕎麦も打ちたいし、うなぎをびゃーっとさばいてみたい。日本料理は一通りできるとはいえ、専門的な技術を学びたい。職人さんたちには頭が下がるばかりだ。できるなら「とり将」も復活させたいし、仕込みから料理、接客まですべて一人で切り盛りする高級な店もやりたい。端から端までびしっと揃った短冊メニューがうつくしい居酒屋も楽しそうだし、あるいは山奥に引っ込んで、一軒家の古民家レストランもかっこいい。やりたいことは、いっぱいある。

仕事はいまがいちばん忙しい。恵比寿の「賛否両論」のカウンターに立つことは料理人として絶対にやめたくないし、カウンターに立つ僕はなくならない。名古屋と金沢にある直営店や、仙台や三重にあるプロデュース店にも、定期的に顔を出す。雑誌の連載、テレビ出演、レシピ本や書籍の仕事——これらはすべて、子どもたちにとって、父親が仕事をいっぱいしているほうがかっこよく見えるだろうなという気持ちでやってきた。たとえば書店に行けば、パパの本が売っていた、「テレビにお父さんが出てるのを見たよ」と友だちに言われれば、いやではないだろう。スーパーに行けば、僕の顔がのっている商品が並んでいるとか。これだったら子どもたちが喜ぶかなという仕事を、意識して選んでやってきたところはある。

昨年始めたＹｏｕＴｕｂｅチャンネルは、雑誌やテレビと違って制限がなく、自分がいま本当に食べたい和食を紹介できるのがいい。昔からラジオが大好きで、アドリブでトークを織り交ぜながら自由に進行できるのも、性に合っている。こちらがわざと感じのわるい振る舞いをすると、長女がすかさずチェックして、「この前のあれ、なおしたほうがいいよ」と言ってくる。ちょっと人見知りで不器用で、こまかいところまで気にかけるあたり、長女がいちばんえーりーに似ている。最近は、歩き方や後ろ姿なんて、えーりーかと思うくらいそっくりだ。

失いたくないもの

無駄はきらい、効率がいいのが好き、でも気遣いの人。

それが僕の親父。「親父の教え」は、子どもたちにずっと言い聞かせていることでもあり、店の若いスタッフにも同じことを言っている。


「焼き鳥一本百円で売って、それであんたを育ててるんだよ」

それが僕のお袋。「お袋の口ぐせ」は、僕のなかでちょっと転生して、子どもたちがひとり親の僕を気遣うたびに、「おまえら、毎月百万ずつ俺に小遣い渡せるくらいになれ」と半分冗談で話してきた。そういったお袋の笑いのセンスや社交性は、僕を介して、次女が受け継いでいる。

僕はよく思う。

映画の「バック・トゥ・ザ・フューチャー」みたいに、デロリアンに乗って両親がまだ若かった時代に行く。それから、親父とお袋に「信じられないかもしれないけど、ふたりとも将来がんになるから、いまからちゃんと検診を受けたほうがいい」と告げる。そうしたら、もしかしたらふたりの死は防げたかもしれない。だけど、その後の世界がすっかり変わってしまう。お袋が生きていたら僕は大学に進学して、板前になっていなかったかもしれない。そうするとえーりーとも出会っていないわけだし、いまの子どもたちもいない。そんなこと、恐ろしくてとてもできない。

親父が生きていたら、「賛否両論」はなかったかもしれないわけだし。

まったく同じことを、えーりーに対しても思う。デロリアンに乗って、若いころの彼女に会いに行く。「おまえ将来がんになるから、検診に行け」と告げる。そうしたら、えーりーはいまも生きているかもしれない。

だけど、はたと思う。一体どのタイミングに行けばいいのだろうか。あまりに若いころに行って話しても、はたして効き目があるかわからない。変な話、子宮は女性にとってデリケートな領域だから、「将来子宮がんになる」と伝えてしまって、子どもをつくることに躊躇《ためら》いが生じたら？

僕のことはどうでもいい。

自分の子ども三人は、絶対に失いたくない。

お袋も、親父も、えーりーも生きている世界。

まったく別の未来になったとして、僕はそれを受け入れられるのか？

映画では、主人公が過去に戻ることで現実の自分が消えかかるわけだけれども、過去に戻るとは、意外と残酷な話にもなり得るのだ。

そろそろ営業時間が近づいてきた。このテンションで、「はい、賛否両論です」と言うのは僕もちょっと、きつい。これからまた、笑顔で料理をしなくてはいけないんだから。

僕がいま大切にしていること？

子どもたちと会える時間、一緒にいたいなという気持ちを、大事にしたい。えーりーが亡くなったあと、僕が前から欲しいと話していた腕時計が、デパートから届いた。なにも知らされていなかった僕は、いまもそれを毎日つけている。時間を大切に使わなければ、と思う。

えーりーの存在は永久に変わらない。僕も元気でいられるのがあと何年かと考えると、最後にもう少し、幸せな気分でいたい。

笠原将弘／一九七二年九月三日東京生まれ
五十一歳（二〇二四年七月現在）

上・えーりーと家族になった日
下・「とり将」は親父とお袋が生きた場所

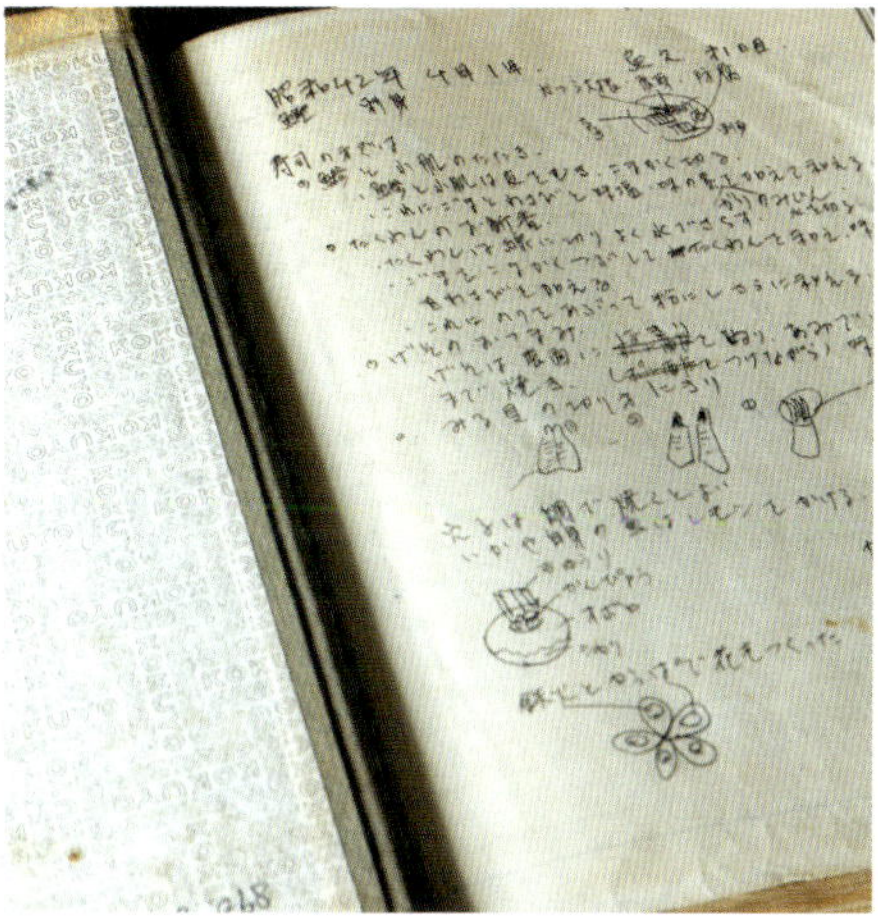

上・親父が書き残したレシピ帖
下・えーりーからの贈りもの。
バンドは何回替えたかわからない

修業時代

家族

はじめてでもおいしく作れる和食
僕が本当に好きな和食
超・鶏大事典
鶏大事典
保存食大事典
常備菜大事典
定番おかず50 名店シェフ
笠原将弘の和サラダ100
忙しい人のための「ついで」レシピ
おもてなし うちもてなし
和食屋が教える、劇的に旨い家ごはん
笠原将弘のまかないみたいな自宅飯
笠原将弘

右・「賛否両論」の階上にある書斎と器部屋。
レシピ本などの執筆は原稿用紙にモンブランのボールペンで
上・料理人の「手」

「カウンターに立つ僕はなくならない」

あとがき

正直なところ、今回の本の依頼を受けたことを猛烈に後悔した。両親と妻を病気で失くしてからだいぶ月日が過ぎ、ある程度の悲しみや寂しさは、時間が解決してくれていると思っていた。本の制作が進むにつれ、どうしてもあのころのことを思い出さなければいけない。

自分の中でも意識的に遠ざけていた悲しい記憶を思い出す作業は、思っていた以上につらく、苦しいものだった。毎日のように両親や妻が夢に出てきた。あるときは笑っていたし、あるときは悲しそうな顔をしていた。目が覚めたときに、実際には泣いていたこともあった。僕は無理矢理自分を納得させていただけで、やはり本当は三人の早すぎる死を、全く受け入れられていなかったんだと痛感させられた。

他人と自分を比べるな。父の教えである。しかし僕だってそんなに強い人間ではない。

両親と旅行に行っている友人を見れば、親孝行したかったとうらやましくなるし、母の日になれば子どもたちに母の日のお祝いをさせてあげられないことを申し訳なく思う。

結婚記念日にお食事に来てくれるお客さまを見ていると、自分に置き換えて見てしまう自分がいる。たぶん僕は一生この思いをかかえて生きていくのだろう。ただただこれだけ三人のことをいまだに愛せている自分にも気づけた。一度しかない人生で三人の素晴らしい人間に出会えた。

この本が、三人の短かったけれども、うつくしく輝きに満ちた人生の記録になってくれれば幸いである。

楂〔署名〕 両論　笠原将弘

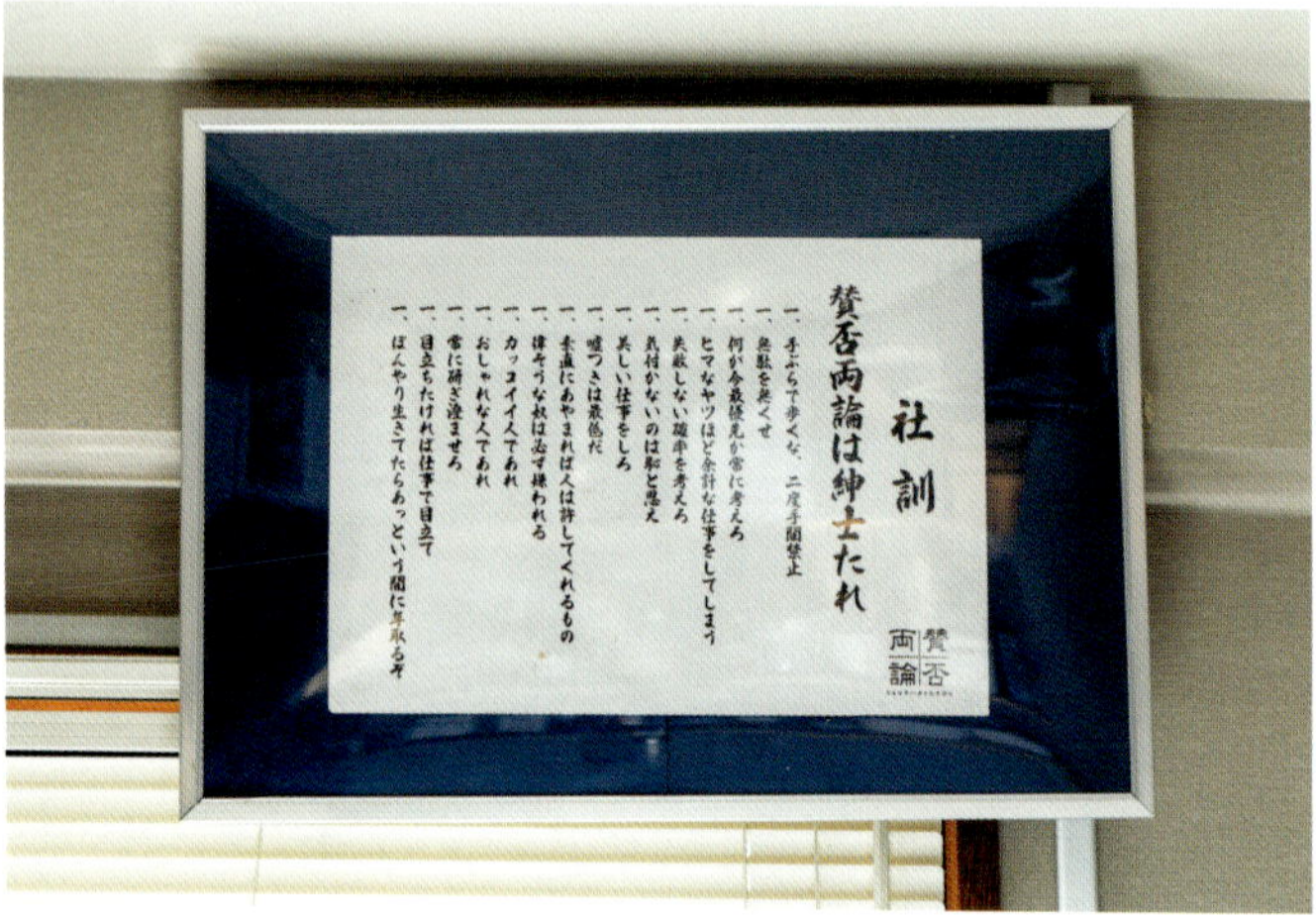
社訓
賛否両論は紳士たれ
一、手ぶらで歩くな、二度手間禁止
一、無駄を無くせ
一、何が今最優先か常に考えろ
一、ヒマなヤツほど余計な仕事をしてしまう
一、失敗しない確率を考えろ
一、気付かないのは恥と思え
一、美しい仕事をしろ
一、嘘つきは最低だ
一、素直にあやまれば人は許してくれるもの
一、偉そうな奴は必ず嫌われる
一、カッコイイ人であれ
一、おしゃれな人であれ
一、常に研ぎ澄ませろ
一、目立ちたければ仕事で目立て
一、ぼんやり生きてたらあっという間に年取るぞ
賛否両論

笠原将弘

1972年生まれ。東京・恵比寿の日本料理店「賛否両論」店主。高校卒業後、日本料理店で9年間修業し、父の死を機に武蔵小山にある実家の焼き鳥店「とり将」を継ぐが、30周年を機に一旦閉店。2004年9月「賛否両論」を開業し、予約のとれない人気店に。2013年名古屋直営店オープン。雑誌連載、テレビ番組へのレギュラー出演、食育など幅広く活動。2023年に開設したYouTubeチャンネル「【賛否両論】笠原将弘の料理のほそ道」では、遊び心のあるトークとともに調理のコツや父から受け継いだレシピを惜しげもなくひらき、2024年7月現在のチャンネル登録者数は73万人超。同年9月「賛否両論」20周年。

日本料理
賛否両論

東京都渋谷区恵比寿2-14-4

中岡愛子

文藝春秋「週刊文春」編集部を経て、フリーランスの編集者となる。専門は、食と人文。

撮影　高橋マナミ
イラスト　坪本幸樹
デザイン　中村圭介（ナカムラグラフ）
構成・インタビュー・文　中岡愛子
DTP　伊大知桂子（主婦の友社）
編集担当　澤藤さやか（主婦の友社）

賛否両論《さんぴりょうろん》―料理人《りょうりにん》と家族《かぞく》―

2024年9月30日　第1刷発行

著　者　笠原将弘《かさはらまさひろ》
編　者　中岡愛子
発行者　大宮敏靖
発行所　株式会社主婦の友社
〒141-0021
東京都品川区上大崎3-1-1
目黒セントラルスクエア
電話03-5280-7537
（内容・不良品等のお問い合わせ）
049-259-1236（販売）
印刷所　株式会社広済堂ネクスト

ISBN978-4-07-459796-3

■本のご注文は、お近くの書店または主婦の友社コールセンター（電話0120-916-892）まで。
＊お問い合わせ受付時間　月～金（祝日を除く）　10:00 ～16:00
＊個人のお客さまからのよくある質問のご案内　https://shufunotomo.co.jp/faq/